부당함에 맞서는
삐따기들의 행진

시민
불복종
좀 아는
10대

사회 쫌 아는 십대 07

시민 불복종

쫌 아는 10대

부당함에 맞서는
삐따기들의 행진

하승우 글
방상호 그림

풀빛

긍정하라는 세상에서 삐딱선 타기

모두가 '예스'라고 답할 때 '노'라고 말할 수 있는 사람, 한때 이런 방송광고가 나오기도 했다. 남의 눈치를 보지 않고 자신의 주관대로 말하고 행동하는 사람, 조금은 다른 각도에서 세상을 바라보는 사람, 그런 사람이 있어야 세상은 발전한다. 모두가 공공연하게 이런 사람이 필요하다고 말한다.

그런데 실제로 그렇게 행동하면 눈초리를 받는 게 한국이다. "다들 괜찮다는데, 왜 너만 유별나게 그러니", "불편해도 참아야지", "규칙은 일단 지켜야지", "부정적인 면만 보지 말고 긍정적인 면을 봐", 괜히 나섰다가 이런 얘기만 듣기 쉽다. 바른 이야기를 꺼내도 '아니요'라고 말을 하면 칭찬보다 망신을 당할 가능성이 더 높다.

G-DRAGON의 〈삐딱하게〉 말고 강산에라는 가수가 부르는 〈삐딱하게〉가 있다. 너무 착하게만, 너무 훌륭하게만 보이

려고 사람들은 안간힘을 쓴다고 그는 노래한다. '삐따기'의 모습은 보이지 않고, 조금만 삐딱해도 나를 이상하게 쳐다보고 손가락질하기 바쁘다고 토로한다. 타인의 손가락질을 받기 싫으면 그냥 묵묵히 따르라고 강요당한다.

그러나 묵묵히 따르면 내가 발견한 문제는 어떻게 될까? 그냥 아무 일도 일어나지 않을까? 가만있어도 해결될 문제라면 그건 애초에 문제로 느껴지지도 않았을 것이다. 드러내지 않으면 문제는 해결되는 게 아니라 곪아서 더 깊어지거나 당연한 것으로 받아들여지게 된다.

하인리히 법칙(Heinrich's law)이라는 게 있다. 대형사고가 터지기 전에는 반드시 여러 차례의 작은 사고와 징후들이 먼저 나타난다는 법칙으로, 1931년에 하인리히가 펴낸 《산업재해 예방(Industrial Accident Prevention)》이라는 책에 처음 소개되었다. 하인리히의 법칙은 1 : 29 : 300의 법칙이라 불리기도 하는데, 산업현장에서 1명의 사망자가 나오면 그 전해에 비슷한 원인으로 발생한 부상자가 29명, 같은 원인으로 다칠 뻔한 사람이 300명 있었다는 얘기이다. 즉 작은 사고들에 주목하면 큰 사고를 예방할 수 있다는 뜻이기도 하고, 반대로 그런 징후들에 주목하지 않고 방치하면 큰 재난을 맞게 된다는 이야기이기도 하다.

이런 법칙이 꼭 기업과 산업재해에만 적용될 이유는 없다. 청와대에서 벌어지는 이상한 일들에 정치인들이 주목했다면, 세월호에서 드러나던 사고의 징후들에 사람들이 주목했다면, 우리는 최순실 국정농단 사건이나 세월호 참사 같은 대형 참사를 막을 수 있었을지 모른다. "이 일은 왜 이렇게 비합리적인 방식으로 진행되나요?", "이러면 사고가 날 것 같은데요, 누가 이런 지시를 내렸나요?", "이렇게는 더 이상 못하겠어요, 먼저 합리적인 근거를 말해 주세요", 이런 말들이 대형 참사를 막고 세상을 구원한다. 질문이 없으면 아무도 답을 고민하지 않지만 질문이 던져지면 정답을 찾기 위한 다양한 해답들이 논의된다.

그러니 삐딱선을 타고 '아니요'라고 답하는 사람들은 사회의 불평분자가 아니라 위험과 위기에 대비하고 사회의 지속을 돕는 이로운 사람들이다. 우리가 놓쳐 버린 질문을 제때 던져서 문제를 드러내고 해결책을 찾도록 하는 사람들이 이 시대의 삐따기이다. 이 삐따기를 일컫는 또 다른 이름이 시민불복종이다.

삐따기의 질문이 대상을 가리지 않는다면, 시민불복종은

많은 이에게 영향을 미치는 공적인 이해관계를 다룬다. 누가 어떤 이유로 시민불복종을 했을까? 질문을 던지며 사회를 구해 온 다양한 사람들을 만나 보자.

차례

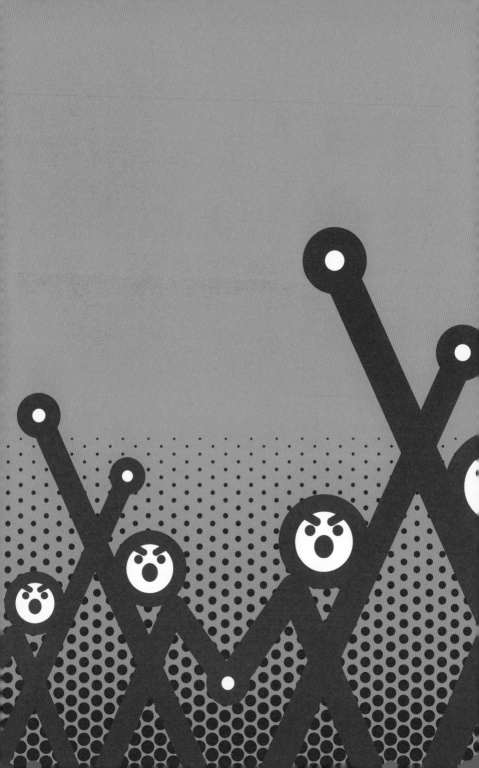

1
시민
그리고
불복종

"만약 내게 용기가 있다면, 사람이 마땅히 그래야 한다고 생각하는 대로 오늘 당장 살아갈 수 있다. 나는 사회가 바뀔 때까지 기다릴 필요가 없다."

– 애먼 헤나시

"오두가단 차발불가단(吾頭可斷 此髮不可斷), 내 목은 잘라도 머리털은 못 자른다."

"뭘 중얼거리고 있어?"

"내 목은 잘라도 머리털은 못 자른다. 최익현이라는 사람이 한 말이라며?"

"그렇지. 그런데 왜? 누가 목 자른데?"

"아니, 머리털을 자르래. 학교에서. 아니 왜 개명천지, 21세기에 헤어스타일을 자유롭게 하지 못한데. 이게 말이 되냐고."

"그러게. 왜 그런데. 4차 산업혁명과 혁신이 강조되는 시대에. 요즘도 두발 자유화를 반대하는 명분은 공부에 방해가 되어서?"

"그것도 있고, 학교는 허용하고 싶어도 부모님들이 반대해서 어렵대. 우리 엄마 아빠는 찬성하던데, 찬성 쪽 의견은 안 듣나? 그리고 자유화를 하면 누구는 비싼 염색 하고 관리하고 이래서 학생들 사이에 위화감이 생긴다나. 우리가 뭐 생각 없는 바보인 줄 아나. 교복도 그래서 못 없앤대."

"맞아. 두발 자유화 안 해도 위화감 느낄 건 이미 다 느낄 텐데. 그리고 학교 안에서만 그렇게 관리하면 뭐하니. 학교

밖으로만 나가면 다들 하고 싶은 대로 할 텐데. 학부모들이 그런 거 걱정하면 학교가 안심시키고 설득하고 해야 할 텐데, 한국은 참 이상해."

"그러니까. 이게 뭐냐고. 흑흑."

"서울시교육청은 이제 두발 자유화 한다고 하던데. 2018년 9월 27일, 서울시교육청은 '학교 구성원 합의를 전제로 학생의 두발 길이·파마·염색을 일체 간섭하지 않는 방향으로 교칙을 개정하라'는 내용의 공문을 서울 시내 중·고교에 전달했어. 이 공문에 따라 이미 여러 학교가 학생생활규칙(학칙)을 개정했어."

"와, 대박. 역시 사람은 서울로 보내라고 하더니. 나, 서울로 전학갈래."

"그런 건 나한테 얘기하지 말고."

"삼촌이 엄마 아빠한테 얘기해 주면 안 돼?"

"청소년, 그런 건 이제 네가 쟁취할 나이야."

"아 쫌. 그냥 말해 주면 안 돼?"

"박근혜 탄핵 촛불집회에도 나갔던 네가, 불의를 못 참는다던 네가. 네가 왜 이래. 네가 서울 가면 여기 후배들은 어쩌냐. 사회를 바꿔야 모든 사람이 혜택을 입지."

"촛불은 들고 나갔다 오면 되지만 학교랑 어떻게 싸우냐고."

"청소년. 혹시 시민불복종이라고 들어 봤나?"

"들어는 봤지. 정확한 의미는 몰라도."

"역시 학교에서는 정작 중요한 걸 가르치지 않는…."

"됐고. 그게 뭐냐고."

"2016년의 뜨거웠던 겨울을 기억하는가?"

"아, 탄핵 촛불? 기억하지. 정말 추웠는데, 참 열심히 거리로 나갔어."

"너도 나갔어? 그땐 초등학생 아니었나?"

"이 나라의 민주주의를 지키는데 초등, 중등, 고등이 따로 있나?"

"쏘리, 그때 촛불행진이 합법이었을까?"

"합법이라고 들었는데. 경찰들이 엄청 많이 나왔지만 사람들을 가두거나 때리지는 않았잖아."

"아니, 경찰이 사람들 때리는 거 본 적도 있어?"

"직접 본 건 아니고. 촛불집회 나가기 전에 친구들이랑 2008년 미국산 소고기 수입반대 촛불집회 동영상을 봤지. 그거 보니까 살벌하던데."

"그렇지. 그때는 경찰이 촛불집회를 불법시위로 규정했으니까. 컨테이너 박스랑 경찰 버스로 서울 광화문에 차벽도 쌓았지. 당시 그 차벽을 '명박산성'이라 불렀고."

"그러니까. 사람들이 경찰 버스를 막 타고 오르고 밧줄을 묶어서 컨테이너 박스를 잡아당기고 그러던데. 그거 불법 아니야?"

"불법이지."

"법을 어겨도 돼?"

"음. 그건 좀 고민이지. 그런데 법이 잘못되었어도 무조건 지켜야 할까?"

"소크라테스가 그랬다며. 악법도 법이라고."

"그거 교과서에서 바뀌었다고 하던데, 안 바뀌었냐? 소크라테스는 그런 말을 한 적이 없단다. 소크라테스의 이야기를

담은 플라톤의 책에는 이렇게 적혀 있지. '자네는 한 나라에서 일단 내려진 판결이 아무 효력도 거두지 못하고 한 개인의 임의대로 무효가 되고 파괴될 경우, 그런 나라가 쓰러지지 않고 전복되지 않을 수 있다고 생각하는가?' 즉, 법이니까 무조건 지키라는 얘기가 아니라 법을 어겼을 때의 책임에 대해 생각하라는 말이지."

"그게 그거 아냐. 그러니까 법을 어기지 말라고."

"그렇게 들릴 수도 있는데, 이게 맥락이 있어. 이 말은 소크라테스가 아테네 젊은이들을 타락시키고 다른 신을 믿었다는 죄목으로 사형을 선고받았을 때 나온 말이야. 친구들이 소크라테스를 탈출시키려 하자 소크라테스가 그 제안을 거부하면서 한 말이거든. 내가 지금 살자고 여기서 도망을 치면 그 죄를 인정하는 꼴이 되니 나는 도망치지 않겠다. 멋있는 것 같지. 하지만 니라면 안 그러지.

어쨌거나 소크라테스는 악법도 법이라서 따라야 한다고 말한 게 아니라 판결이 잘못되었다는 사실을 증명하기 위해 그 법을 따르려고 한 거라고. 그러니 그 의미가 다르지. 소크라테스의 준법은 법에 저항하기 위한 방식이었다고."

"헐, 그렇구나. 소크라테스 할배 멋진데. 그런데 우리가 무슨 얘기 하다가 소크라테스까지 간 거지?"

"아, 맞다. 법이 잘못되었어도 무조건 따라야 할까? 내 생각은 좀 달라. 법을 무조건 어길 필요는 없지만 그렇다고 무조건 따라야 할 이유도 없어."

"그게 무슨, 말이야 방구야."

"나쁜 법을 계속 지키다 보면 사람들이 어떻게 되겠니. 2008년 예를 들어 볼까? 그때 경찰이 집회를 강제로 진압하던 이유 중 하나는 〈집회 및 시위에 관한 법률〉 제10조에 '누구든지 해가 뜨기 전이나 해가 진 후에는 옥외집회 또는 시위를 하여서는 아니 된다'라고 규정되어 있기 때문이었어. 밤에 집회를 열면 집회가 폭력적으로 변할 수 있다는 거였지.

그런데 생각을 해 보자. 집회를 낮에 시작했는데 하다 보니 밤이 되었어. 무슨 늑대인간도 아니고 해가 졌다고 사람들이 갑자기 폭력적으로 변할까? 이건 시위를 두려워하는 사람들이 밤에는 통제하기 어려우니까 만든 악법이야. 그리고 밤에 집회를 전혀 못 연다면 낮에 일하고 저녁에 퇴근해서 시위를 해야 하는 사람들은 어떻게 해. 그러니까 이건 말이 안 되는 법인 거지.

그래서 2008년 촛불집회를 주도했다는 이유로 기소된 사람이 이 법률이 헌법을 위반한다고 주장했고 헌법재판소가 이를 받아들여 헌법과 맞지 않는다는 판결(헌법불합치)을 내렸어.❶ 우리가 2016년에 촛불집회를 이어 갈 수 있었던 건 이렇게 문제를 제기하는 사람들이 있었기 때문이야. 그때 헌법재판소의 결정이 다르게 났다면 2016년에 촛불집회를 주도했던 사람도 처벌을 받았을 거야."

"오, 그런 역사가 있구나. 신기하네."

"2016년 촛불집회 때에도 청와대로 행진하는 것이 불법이냐 아니냐 하는 논란이 있었어. 계속 가려는 사람들과 막으려는 경찰들 사이에 작은 충돌들이 생기곤 했지."

"우리 동네에서는 그런 일이 없었는데, 서울에서는 그랬나 보더라고. 돌을 던지거나 불을 지르는 것도 아니고 그냥 행진하겠다는데 뭐가 무서워서 차벽을 세우는지. 그런데 경찰이 막으면 방법이 없는 거 아니야?"

"네가 말한 두발도 마찬가지지. 교칙에는 짧게 자르라고 되어 있잖아. 그러면 방법이 뭐야. 교칙을 따르든지, 바꾸든지.

❶ 헌법재판소 2009. 9. 24 자 2008헌가25 결정[〈집회 및 시위에 관한 법률〉 제10조 등 위헌제청]. 헌법재판소는 야간옥외집회를 금지하는 제10조가 집회의 결사를 보장하는 헌법 제21조를 위반한다고 판단했다.

그런데 교칙을 바꿀 권한은 우리한테 없어. 그럼 어떡해. 이 교칙에 무슨 문제가 있는지를 자꾸 드러내서 학생이나 교사들이 웅성거리게 만들 수밖에."

"말은 쉽지만 그게 참 어려워. 삼촌도 학교를 다녔잖아. 학교 다닐 때 그렇게 해 봤어?"

"아니, 이런 돌직구를. 간간이 사고를 치긴 했지만 우리 때도 학교에 제대로 대들지는 못했어. 지금도 좋은 대학 들어가려면 공부 열심히 하고 학교를 조신하게 다녀야 한다는 압박이 강한데 그때는 더 심했으니까."

"아니, 자기도 제대로 못했으면서 왜 나한테는 자꾸 뭐라 그래."

"워워. 너한테만 뭐라 그러는 건 아니고, 그런 어려움을 너만 겪는 건 아니라는 거지. 인류 역사에서 시민으로 산다는 건 그런 불편함을 감수하는 것이기도 했어."

"깨시민(깨어 있는 시민), 뭐 이런 건가?"

"그보다 훨씬 더 오랜 역사가 있지."

"시민(市民)이란 어떤 사람들을 가리키는 말일까?"

"농촌에서 농사짓는 사람이 농민이니, 도시에 사는 사람?"

"정확히 말하면 저 시(市)는 시장(市場)을 가리키지. 옛날부터 시장이 서는 곳은 도시였고 중심지였으니까. 그런데 시민이 단순히 도시라는 공간에 사는 사람을 가리키는 말은 아니야. 혹시 중세 자유도시라고 들어 봤니?"

"음…, 분하지만 그건 모르겠다."

"서양의 중세시대는 봉건주의라 불렸지. 옛날 한국처럼 왕, 귀족들이 지배하던 시대였고 사람의 신분이 그 존재를 결정했어. 많은 농민이 농노라 불리며 노예처럼 살았지. 그런데 그때 시장을 중심으로 형성된 도시에는 기술을 가진 장인들과 재산을 가진 상인들이 모여들기 시작했어. 재산도 있고 기술도 있으니 도시인들이 왕과 귀족의 말을 잘 들을 이유가 없었지. 왕이나 귀족이 세금을 올리거나 부당한 요구를 하면 도시들은 그걸 고분고분 따르지 않았어. 때로는 도시로 도망쳐

온 농노들을 보호하기도 했고. 그러다가 적어도 이곳에서는 귀족, 평민, 농노, 이런 구분이 통하지 않는다고 선언한 거지.

당시 한자동맹이라 불렸던 도시연맹은 출입문에 이렇게 적어 놓았어. '도시는 우리를 자유롭게 한다'라고."

"오, 멋진데."

"멋지지. 그러니 봉건왕조들이 도시를 좋아했겠어?"

"아니겠지. 눈엣가시 같았겠지. 그래서 힘으로 도시를 무너뜨린 거야?"

"그런 시도도 했고, 실제로 도시가 왕들에 굴복하기도 했지. 하지만 시대정신이라고 해야 하나. 짓밟혀도 맞서고, 짓밟히면 또 맞서고. 이런 과정이 반복되면서 왕들의 힘은 빠지고 도시의 힘은 점점 더 강해진 거지. 그러다 큰 사건이 빵 터져."

"오, 무슨 사건? 혁명인가?"

"맞았어. 바로 프랑스 대혁명이지. 들어는 봤나? 프랑스 대혁명."

"당근. 그림도 있잖아. 〈민중을 이끄는 자유의 여신〉이라고. 들라크루아의."

"오, 요즘 중학교 교육 괜찮은데."

"프랑스 왕 루이 16세가 귀족, 성직자, 평민 대표가 모이는 삼부회를 소집했는데, 귀족과 성직자들이 개혁을 반대하자 평민들이 국민의회를 조직하고 싸움을 벌인 거잖아. 바스티유 감옥도 습격하고. 이렇게 파리에서 시작된 혁명이 프랑스 전국으로 퍼지고, 국민의회는 귀족의 특권을 폐지하고 '프랑스 인권선언'을 채택했잖아."

"맞아. 1789년 8월 26일, 프랑스 인권선언은 '인간은 자유롭고 평등하게 태어나서 생활할 권리를 가진다'라는 인간과 시민의 권리를 선언하고. 1791년 9월에는 왕도 헌법에 따라 권리를 행사하고 선거를 통해 의회를 구성한다는 프랑스헌법도 제정되고.

이런 프랑스의 변화를 두려워했던 유럽의 봉건국가들이 프랑스와 전쟁을 벌이고, 1792년 9월에는 프랑스 제1공화국이 선포되고 왕이 없어지지. 루이 16세는 재판에 회부되어 1793년 1월 21일에 처형되고. 엄청난 사건이지. 왕의 머리를 잘랐으니."

"머리가 잘릴 정도가 되면 그냥 양보를 하지 왜 그렇게 고집을 부렸을까?"

"돈을 나눠 주기 싫은 것도 있지만 그보다 더 싫은 게 뭔지 알아? 자기 말을 안 듣는 거야. 어쭈, 저것들이 이제 배가 불렀네. 말을 안 들어? 이런 반응이 나온단 말이지."

"삼촌 말대로라면 재산을 나누는 것보다 권리를 나누는 게 더 싫은 거네."

"그렇지. 맞았어.

이런 과정을 거치면서 시민이라는 말이 자리를 잡게 됐어. 그냥 도시의 주민이 아니라 자유와 평등이라는 가치를 실현하며 서로 연대하고 인간으로서의 권리를 함께 지키는 주체가 시민이 된 거야. 다만 재산이 없는 사람과 여성들이 프랑스 대혁명에 열심히 참여했음에도 그 권리를 인정받지 못한 한계는 있지만."

"그런데 얼마 전까지도 한국에는 흙수저, 금수저, 이런 얘기가 있었잖아. 태어날 때 계급이 결정된다고. 그러면 한국은 아직 시민들의 나라가 아닌 건가?"

"대한민국헌법에는 공화국이라고 되어 있지.[2] 하지만 네 말처럼 여전히 특권과 불평등이 존재하는 사회가 한국이지. 그러니까 우리가 시민으로 살려면 아직 싸워야 할 게 더 많은 거야."

"그러면 이렇게 말하면 되는 건가. 시민은 시민이 되고자

[2] 대한민국헌법 제1조 1항 대한민국은 민주공화국이다.

할 때 시민으로 살 수 있다."

"우아, 멋진데."

거대한 권력에 맞서는
이유 있는 저항

"그럼 불복종은 뭐야? 복종하지 않는다? 따르지 않겠다?"

"복종이란 말의 뜻이 뭐야. 사전을 보면 '남의 명령이나 의사, 또는 규칙 따위에 조금도 어긋남이 없이 그대로 따름'이라 되어 있어. 무조건 받아들인다는 거지. 불복종은 그러지 않겠다는 거고."

"그러면 반항, 저항이라고 해도 되는 건데 왜 불복종이라고 해?"

"시민불복종이라고 말할 때의 불복종은 그 대상이 명확해. 반항, 저항은 사람들끼리도 쓸 수 있는 말이라면, 불복종은 정부나 거대한 권력에 맞서겠다는 거야. 그리고 시민불복종은 보통 그 저항의 대상을 명확하게 정의해. 이런 점이 부당하기 때문에 나는 이 법률을 따르지 않겠다, 이런 식이지.”

“법을 따르지 않는 이유가 명확한 거네. 그런데 아까 소크라테스 할배도 말했듯이 사람이 자기 마음에 들지 않는다고 법률을 지키지 않으면 나라가 흔들리는 것 아닌가? 혼자만 사는 사회도 아니고.”

“당연히 그렇지. 그래서 불복종의 이유가 중요한 거야. 그 법률이 개인적인 생각이나 내 이익과 어긋나서가 아니라 자유나 평등, 평화, 사회정의 같은 가치를 파괴하기 때문에 지키지 않겠다고 선언하는 거지.”

“나는 옳다고 생각하지만 다른 사람들은 그렇게 생각하지 않으면 어떡해? 예를 들어, 청소년은 밤 10시 이후에는 피시방에 출입할 수 없다는 법이 있어.”

“그건 예를 들어서가 아니라 실제 법이잖아. 〈게임산업진흥에 관한 법률 시행령〉 제16조. ❸”

“아, 어쨌거나. 나는 그 법이 매우 부당하다고 생각해. 그런데 다른 사람들은 그 법이 필요하다고 생각해. 나는 부당하다고 생각해서 그 법을 지키지 않고 밤 10시 이후에 피시방에 가.”

“그럼 피시방 주인이 나가라 그러겠지.”

"그렇지. 그래서 나는 못 나가겠다고 해. 그럼 그게 불복종이야?"

"나를 못하게 하니까 부당하다고 말하면 그건 불복종이 아니겠지. 하지만 나와 같은 청소년들의 자유로운 출입을 통제하는 법률이, 그런 법률의 근거가 되는 〈청소년 보호법〉이 부당하다고 선언하면 불복종이 되겠지."

"그냥 안 나가고 버텨?"

"아니지. 다음 날 기자회견을 열고 〈청소년 보호법〉이 부당하니 지키지 않겠다고 선언해야지. 왜 게임산업은 육성하면서 우리는 맘대로 게임을 못 하게 하냐고."

"헐. 일을 너무 키우는 게 아닐까?"

"그렇게 안 키우면 법이 바뀔까? 그럼 피시방 주인이랑 계속 싸워야 하겠지. 사실 피시방 주인인들 그런 법이 마음에 들겠냐. 안 지키면 처벌을 받으니까 그러지."

❸ 〈게임산업진흥에 관한 법률 시행령〉 제16조(영업시간 및 청소년 출입시간제한 등) 제2항 청소년의 출입시간 가. 청소년게임제공업자, 복합유통게임제공업자(〈청소년 보호법 시행령〉 제5조제1항제2호 단서에 따라 청소년의 출입이 허용되는 경우만 해당한다), 인터넷컴퓨터게임시설 제공업자의 청소년 출입시간은 오전 9시부터 오후 10시까지로 한다. 다만, 청소년이 친권자·후견인·교사 또는 직장의 감독자 그 밖에 당해 청소년을 보호·감독할 만한 실질적인 지위에 있는 자를 동반한 경우에는 청소년 출입시간 외의 시간에도 청소년을 출입시킬 수 있다.

"그러니 다른 방법들을 먼저 써 봐야 하는 것 아냐?"

"당연히 여러 가지 방법들을 먼저 쓰지. 잘못된 법률이라고 의견도 내고 서명도 받고 시위도 하고. 그렇게 해도 법률이 바뀔 가능성이 없거나 정부가 정책을 철회하지 않을 때, 시민 불복종이 등장하는 거야."

"음. 너무 어려운데."

"보통 불복종은 선언으로 시작해. 나는 이런 이유로 이 법을 지키지 않겠다고 공개적으로 선언하는 거지. 공개적으로 선언한다는 점에서 '범죄'와는 다르다고 생각해. 몰래 숨어서 저지르는 일이 아니란 거지. 공개적으로 선언하니까 어떻게 되겠어? 논쟁이 붙겠지. 불복종은 사실 이런 논쟁을 기대하는 거야. 조용히 따르면 아무런 논쟁도 없이 그 법률이 받아들여지게 되니까.

미국의 존 롤스(John Rawls) 같은 학자는 시민불복종에 일곱 가지 조건이 있다고 얘기해. 첫째, 목적이 정당할 것. 둘째, 개인의 이익이 아니라 공익을 위할 것. 셋째, 최후의 수단으로 사용될 것. 넷째, 폭력을 사용하지 않을 것. 다섯째, 공개적으로 이루어질 것. 여섯째, 성공의 가능성이 있을 것. 일곱째, 처벌을 받아들일 것."

"잠깐, 처벌을 받아들인다고?"

불복종,
처벌을 받아들일 것

"시민불복종의 가장 큰 특징 중 하나가 불복종에 대한 책임을 진다는 거야."

"대박. 그러면 감옥에 갈 수도 있잖아."

"그렇지. 감옥에 갈 수도 있고, 벌금형을 선고받을 수도 있고, 사람들에게 엄청난 비난을 받을 수도 있지."

"그런데 그걸 왜 해?"

"앞에서 했던 얘기 벌써 까먹었어? 그냥 눈감고 넘어가면 피해가 줄줄이 이어질 뿐 아니라 사람들은 잘못된 것을 상식으로 받아들일 거고 그런 상식이 굳어지면 뭐가 문제인지도 모르게 되는 거지. 그런 나라에서 시민으로 살 수 있을까?"

"그건 아는데, 굳이 그렇게까지 해야 하냐는 거지."

"그래서 모두가 그래야 한다는 건 아니잖아. 누군가는 십자가를 지고 언덕에 오르는 거고, 또 누군가는 그 사람을 보며 뒤를 잇고, 또 누군가는 그들을 보며 힘을 얻고, 또 누군가는 같이 걷지는 못하지만 그 행진을 지지하고, 또 누군가는 잘

걸으시라며 먹을 걸 나누고 힘내시라 소리치고 환호하고."

"고난의 행군이네."

"누군가가 걸었으니 지금 사회가 여기까지….."

"갑자기 진지해지려는 느낌."

"음, 나도 이제 말을 끊을까 생각했어."

"마지막으로 한 가지만. 시민불복종으로 처벌을 받은 사람이 얼마나 될까?"

"글쎄, 그건 누가 통계를 내지 않으니 모르지. 어떤 행동이 시민불복종인지 논쟁도 있을 수 있고."

"그러면 최초로 처벌을 받은 사람은 누구야?"

"잘못된 법률에 저항한 사람을 따지면 고대로 올라가겠지만 '시민'불복종이라면 근대의 일이고 내 행동이 시민불복종이요, 이렇게 딱 얘기했던 사람들은 제법 있었지. 시민불복종을 처음 얘기한 사람이 누굴까? 이건 숙제."

시민불복종, 이러면 뭔가 엄청난 일을 벌이는 것 같지만 실제로는 흑인이 들어가면 안 되는 열차나 식당에 흑인이 들어가고, 정부가 강요하는 세금을 내지 않기 위해 버티고 도망가고, 돕지 말라는 사람들을 돕고, 넘지 말라는 선을 넘어서는 작은 행동에서 사건이 시작된다. 사실 잘못된 법이나 규정이 만들어지지 않았다면 시민불복종이 생길 이유도 없다. 힘을 가진 사람들이 그 힘을 공정하고 합리적으로 사용하지 않기 때문에, 그것에 저항하는 사람들이 나선다. 심지어 처벌의 위험을 감수하고.

　내가 시민불복종의 당사자가 될 수 있을까? 시민불복종에 나섰던 사람들 중 상당수는 처음부터 그런 행동을 하리라 마음을 먹었던 사람들이 아니었다. 부당한 현실을 눈감고 피해 가지 않고 뭐라도 하려고 발을 동동 구르는 사람들이 내 말에 귀를 기울여 달라며 시민 앞에 자신을 드러내는 순간이 바로 시민불복종의 순간이다. 뒤에 서 있던 내가 갑자기 앞으로 나오게 되는 순간이다. 그 뒤에 올 일은 날것의 몸싸움일 수도 있고, 거리에서 서명을 받는 활동일 수도 있고, 법정의 치열한 논리싸움일 수도 있다.

시민불복종은 시민에게 허용된 최후의 권리이다. 부당함을 애써 참지 않고 나에게 공감하는 사람들을 찾아 그들에게 함께하자며 손을 내밀 수 있는 권리.

2

옳지 않은
법을
마주한 용기

"우리는 먼저 인간이어야 하고, 그 다음에 국민이어야 한다. 법에 대한 존경심보다 정의에 대한 존경심을 기르는 것이 바람직하다."

– 헨리 데이비드 소로

"삼촌이 말한 사람 헨리 데이비드 소로(Henry David Thoreau)
지? 교과서에도 있어."

"어떤 사람 같디?"

"음, 좀 괴상한 사람이던데. 《시민불복종(Civil Disobedience)》
이란 책(정확한 서명은 《시민정부에 대한 저항(Resistance to Civil
Government)》)도 썼지만 《월든(Walden)》이란 책도 썼더라. 숲
에 들어가서 나무 집을 짓고 빵을 만들어 먹으며 혼자 2년을
살았다며. 텔레비전 프로그램 있잖아. 〈정글의 법칙〉. 아니
다, 〈나는 자연인이다〉와 비슷한가."

"음. 《월든》과 〈나는 자연인이다〉를 비교하다니. 뭐, 네 세
대는 그렇게 볼 수도 있겠다. 그런데 《월든》은 단순히 속세를
떠나 자연으로 돌아가자는 이야기가 아니야. 《월든》에서 소
로는 이런 질문을 던져. '왜 우리는 이렇게 쫓기듯이 인생을
낭비해 가면서 살아야 하는가? 우리는 배가 고프기도 전에
굶어 죽을 각오를 하고 있다.' 이게 무슨 뜻인지 알겠니?

사람들은 소로의 《시민불복종》과 소박한 삶을 얘기한 《월
든》을 따로 얘기하는데, 나는 같이 봐야 한다고 생각해. 누구
에게나 양심이 있다고 말하지만 그 양심을 실제로 드러내는
사람은 많지 않거든. 왜 그러지 못할까? 용기가 없어서? 그

렇다면 용기는 어떻게 길러질까? 자기가 누구이고 무엇을 할 수 있는지 알아야 용기가 생기고 강해지지 않을까? 그러려면 자신에게 많은 시간과 관심을 쏟아야지. 그래서 나는 소로의 메시지가 이거라고 생각해.

개인의 양심은 자신의 삶을 살 때 강해지고, 소박한 삶은 양심의 힘을 기르는 좋은 방법이다. 내면의 힘이 강해야 시민불복종을 할 수 있다. 그리고 내면의 힘을 기르는 방법은 자신에게 많은 시간과 기회를 주는 삶이다.

이렇게 보면 한국 사회에서 시민불복종이 활발하지 않은 것은 법과 제도가 그것을 차단하기 때문만은 아니라고 생각해. 우리의 삶이 그렇지 않은 거지. 우리 삶이 별로 용기를 낼 수 있는 삶이 아니어서. 우리가 자기 자신에게 시간과 관심을 쏟지 못하고 있는 거고."

"오, 삼촌의 얘기를 들으면 뭔가 그럴싸하긴 한데, 좀 비현실적으로 들려."

"대체 현실이란 뭘까?"

전쟁에 쓰일 세금을 내지 않겠노라

"아, 됐고. 그래서 소로는 미국이 멕시코와 전쟁[4]을 벌이는 걸 반대하며 감옥에 갇힌 거야?"

"정확히 말하면 세금 내는 걸 거부해서 감옥에 갇혔지. 소로는 세금을 내지 않는 이유로 부당한 전쟁에 자신의 세금을 쓰는 게 싫다고 말했어.

실제로 소로가 감옥에 갇힌 건 하루밖에 되지 않았어. 친척이 벌금을 대신 납부해서 풀려났거든. 어쨌거나 그 경험을 토대로 소로는 '시민불복종'이란 주제로 강연을 했고, 이게 글로 정리되었고, 그 글이 전 세계에 널리 알려진 거지."

"야, 하룻밤의 경험으로 책을 쓰고 그걸로 전 세계적인 유명인사가 되다니. 역시 사람은 운을 잘 타고나야 해."

[4] 1846년 5월부터 1848년 2월까지 미국과 멕시코가 텍사스주를 놓고 벌인 전쟁이다. 1845년에 텍사스 공화국이 미연방에 합류하고 멕시코가 이에 반발하면서 전쟁이 일어났지만, 전쟁의 주된 원인은 영토를 확장시키려는 미국의 정책이었다고 얘기된다. 그래서 소로와 같은 양심적인 지식인들은 이 전쟁을 반대했다. 더구나 이 전쟁으로 미국은 캘리포니아와 뉴멕시코, 콜로라도 등 멕시코의 많은 땅을 차지하게 되었다.

"부러워하기 전에 내가 소로였다면 부당한 전쟁을 반대하며 세금 납부를 거부할 수 있었을까를 먼저 생각해야지. 너라면 어떤 선택을 했을까? 정부가 전쟁을 하겠다는데, 나는 반대요, 이러면서 나설 수 있었을까? 아마 그럴 수 있다면 지금도 충분히 전 세계적으로 유명해질걸."

"음. 그럴 수도 있겠네. SNS나 유튜브 이런 곳에서는 말할 수 있을 것 같은데, 오프라인에서 하는 건 좀 위험하지 않을까? 유명해진대도 좀 그렇다."

"소로가 엄청 과격한 주장을 한 건 아니었어. 혁명을 외친 것도 아니었고. 소로가 《시민불복종》에서 한 말을 좀 들어 볼까?

세금징수원이나 다른 공무원이 내게 "그럼 내가 뭘 하면 되오?"라고 묻는다면, 나는 "당신이 진정 뭔가를 하고 싶다면, 당신 자리부터 내려놓으시오"라고 대답할 것이다. 신민이 충성을 거부하고 공무원이 사임할 때, 혁명은 완수된다. 양심이 상처를 입을 때에도 피가 흐른다고 할 수 있지 않은가? 이 상처를 통해 사람의 진정한 인간다움과 불멸이 흘러나오며, 그는 영원히 죽을 때까지 피를 흘린다.

나는 그 피가 흐르는 게 보인다.

나는 누군가에게 강요받으려고 태어나지 않았다.

나는 내 식대로 숨 쉴 것이다. 누가 가장 강한지는

두고 보자. 다수가 가진 힘이란 게 도대체 무엇인

가? 나보다 더 지엄한 도덕률을 따르는 사람들만이

내게 무언가를 강요할 수 있다.

어때, 뭔가 어마어마한 자신감이 느껴지지 않아? 이 책을

쓸 때 소로가 몇 살이었는지 알아?"

"모르지."

"서른두 살이야."

"젊네."

"단지 젊어서 저런 말을 했을까? 저런 의지는 젊어서 나오

는 게 아니라 자신을 단련한 사람에게서 나와. '우리는 국민

이기 전에 인간이어야 하고, 법 이전에 정의를 따르는 사람이

어야 한다. 국민이라는 이유로 국가의 부조리에 눈감고, 불

법이라는 이유로 정의를 저버린다면 이 나라는 더 이상 나의

나라가 아니다.' 이런 말이지. 소크라테스가 죽음으로 자신을

증명하겠다는 의지를 내보였다면, 소로는 살아서 외치겠다는 의지를 품은 거지. 누가 더 현명한 건지는 잘 모르겠다."

"멋지긴 하지만."

"이런 소로의 뜻을 누가 이어받았을까?"

"그건 알지. 마하트마 간디(Mahatma Gandhi)."

부조리에 대한 분노가 이끈
6만 인 소금행진

"맞아. 간디는 소로의 영향을 받았다고 공개적으로 얘기했어. 신기하지 않니? 미국의 한 시민이 했던 활동이 인도의 시민에게까지 영향을 미쳤다니. 그때는 지금처럼 인터넷이 있지도 않아. 유튜브 채널이 있기나 해."

"그러게. 간디는 소로의 글을 읽은 거지?"

"그렇지. 간디가 남아프리카공화국에서 변호사로 있을 때 소로의 글을 접해. 그러곤 감명을 받아서 나도 그렇게 살아야겠다 마음을 먹은 거지. 역시 만나야 할 사람들은 꼭 만나게

된달까."

"그러게. 나도 꼭 만나고 싶은 사람이 있지."

"안 궁금. 어쨌거나 인도로 돌아간 간디는 시민불복종을 자신의 주요한 가치로 삼고 활동해. 간디가 인도에서 펼친 시민불복종 활동은 다양하지만 가장 유명한 건 소금행진이야."

"소금행진, 그건 뭐지? 소금을 먹지 않겠다는 선언인가?"

"소금을 안 먹으면 인간이 어떻게 사냐. 그런데 좀 비슷해.

시민불복종 좀 아는 10대

당시 영국이 인도를 식민지로 만들어 지배하고 있었는데, 세
금을 더 걷을 궁리를 하다 인도에서의 소금 생산과 판매를 금
지하고 영국이 독점판매하며 소금에 높은 세금을 매겼어. 사
람이 소금을 안 먹을 수는 없으니까."

"그래서 간디가 소금을 먹지 않겠다고 선언한 거야?"

"거기서 더 나갔지. 바다로 가서 직접 소금을 만들겠다고
선언했어."

"대박. 영국인들이 굉장히 당황했겠네."

"그렇지. 심지어 간디는 혼자서 그렇게 살겠다고 선언한 게 아니라 인도인들을 데리고 바다로 행진을 시작했어. 세금을 내지 않고 직접 소금을 만들겠다는 사람들이 계속 행진에 동참했어. 얼마나 동참했을까?"

"한 100명?"

"간디는 무려 1930년 3월 12일부터 4월 6일까지 걸었어. 처음에는 78명이 걸었는데, 나중에 6만 명이 행진에 동참했어."

"대박, 6만 명."

"그렇게 바다로 간 간디는 직접 소금을 만들었고 영국 정부는 간디를 감옥에 가뒀어. 같이 걸은 사람들도 마찬가지 신세가 됐고."

"그래서 어떻게 됐어?"

"1년 뒤 영국 정부는 결국 소금법을 폐지했지."

"우아, 어마어마하구먼."

"영국 정부가 왜 물러섰을까?"

"간디가 계속 저항할까 봐?"

"간디가 중요한 인물이긴 한데, 그는 도화선이었지. 영국의 식민지배에 거부감을 가지고 있던 인도 시민들의 분노를 폭발시킨 거지. 지금은 소금법에 대한 반대이지만 그게 더 커지면 영국 정부에 대한 분노가 되지. 그러니 영국이 물러설 수밖에 없었던 거야."

"총칼을 쓰지 않고도 정부를 꺾을 수 있구나. 시민불복종 대단하네."

"잡아서 가두고 또 가두고 해도 저항하는 사람이 계속 늘어나면 막을 수 없는 거지. 한번 물꼬가 터지면 그 물을 다시 가두기란 쉽지 않은 거야. 간디의 유명한 사진이 뭐냐. 물레를 돌리는 거잖아."

"맞아. 나도 봤어."

"그게 굉장한 상징이야. 당신들이 나와 무관한 세상을 만든다면 나는 내 방식대로 살아가겠다. 보통 그 사진이 간디의 소박한 삶을 증명한다고 얘기하는데, 사실 그 사진은 간디가 전 세계 사람들에게 보낸 메시지였어. 이것이야말로 강력한 시민불복종이라는."

"그러게. 나도 소박한 삶으로만 생각했지, 그걸 시민불복종이라 여긴 적은 없었어."

"힘을 가진 자들은 언제나 그런 의미를 축소시키려 하지.

그래야 사람들이 따라 하지 못하니까."

"그럼, 간디를 따라 한 사람은 또 없어?"

물러서면 부당한 현실이 똑같이 반복되니까

"혹시 로자 파크스(Rosa Parks)라고 들어 봤어?"

"음…, 모르겠어."

"미국의 흑인민권운동은?"

"음…."

"마틴 루터 킹(Martin Luther King Jr.) 목사는?"

"오, 그 이름은 들어 봤지."

"그렇지 뭐. 유명한 사람만 기억하는 더러운 세상….""

"됐고. 로자 파크스가 누구냐고."

"1950년대 미국은 인종차별이 아주 심한 나라였어. 백인들
이 출입하는 곳과 흑인들이 출입하는 곳이 달랐고, 백인학교,
흑인학교가 나뉘어 있었어. 심지어 식당이나 버스에도 흑인

이 출입할 수 있는 곳과 흑인이 앉을 수 있는 자리가 정해져 있었어."

"야, 미국이 자유의 나라라고 하더니 완전 뻥이었구먼."

"미국의 짐크로 법(Jim Crow Law)[5]은 합법적으로 모든 공공 장소에서 백인과 흑인의 공간을 분리시켰고, 흑인을 차별했지. 이 법에 따라 당시 몽고메리시의 버스는 앞 네 줄을 백인의 좌석으로 지정했어. 1955년 12월 1일에 버스를 탄 로자 파크스는 흑인 좌석에 앉았는데 자리가 없으니 백인에게 흑인 좌석도 양보하라는 버스 기사의 지시를 거부했어. 다른 흑인들은 자리에서 일어섰는데 파크스는 일어서지 않았어. 그리고 경찰에 체포되었고."

"세상에, 버스 좌석을 양보하지 않았다고 경찰에 체포되다니."

[5] 1876년에 제정된, 공공장소에서 흑인과 백인을 분리하도록 한 인종차별법으로 다음과 같은 내용들을 담았다.
– 흑인과 백인 아이들이 같은 학교에 다니는 것을 금지하고 흑인 어린이들을 위한 별도의 공립학교 설립을 금지한다.
– '순수한 백인 혈통'의 사람이 아프리카 혈통과 결혼하는 것을 금지한다.
– 증기선을 비롯한 대중교통에서 흑인 좌석과 별도의 대기실, 매표소 등을 의무화한다.
– 도서관, 여관, 호텔, 식당, 술집, 병원, 극장, 서커스, 공원, 해변, 화장실, 묘지 등 백인과 흑인이 서로 섞일 수 있는 곳들을 분리한다.
– 흑인 권투선수는 백인 권투선수와 연습할 수 없다.

"로자 파크스는 자신의 체포 소식을 지역에 알렸고 이에 몽고메리시의 많은 흑인이 분노했어. 12월 4일 흑인 교회들이 몽고메리시의 버스 탑승을 보이콧(어떤 일을 공동으로 받아들이지 않고 거부하는 일)하는 운동에 동참했지. 흑인의 좌석이 보장되고 흑인 기사가 고용될 때까지 버스를 타지 않기로 한 거야."

"그래서 어떻게 됐어? 소금행진 때처럼 시정부가 물러섰어?"

"무슨. 로자 파크스를 또 체포했지. 그러자 미국 전역의 흑인들이 몽고메리시를 주시하기 시작했어. 네가 아는 마틴 루터 킹 목사도 이 운동에 동참해. 그렇지만 인종차별을 찬성하던 백인들은 흑인들을 억압하기 시작했고, 시정부도 마찬가지였어. 그래서 흑인들의 버스 보이콧은 장장 382일 동안 이어져. 상상이 가? 1년 넘게 흑인들은 버스를 타지 않고 함께 자가용을 타거나 걸어 다녔어."

"대박. 출퇴근이나 등하교를 걸어서 했다는 거야? 그것도 1년이나?"

"그렇지. 물러서면 똑같은 현실이 반복되니까. 단지 피부색이 다르다는 이유로 부당한 대우를 받는 게 말이 안 되잖아. 이런 일이 자식들에게도 똑같이 대물림된다고 생각해 봐. 어떻게든 이번에 끝을 보고 싶지 않았겠어."

"시장은 참 골치가 아팠겠어. 폭력을 쓰는 것도 아니고 시위를 벌이는 것도 아니고 그냥 버스를 타지 않는 거니. 막을 방법이 없었겠네. 버스 회사도 어떻게 할 방법이 없었을 테고."

"그렇지. 결국 1956년 6월에 연방지방법원과 대법원이 인종차별이나 공간의 분리 등에 관한 규칙과 법률이 미국헌법을 위반한다는 판결을 내리게 돼. 그래서 몽고메리시에서의 사태는 일단락되지."

"위헌 판결이 났으니 그때부터 미국에서는 인종차별이 없어진 건가?"

"그럴 리가 있겠니. 그때부터 본격적인 싸움이 시작되지. 백인들의 반발이 시작된 거야. 더구나 미국은 연방국가야. 연방정부와 주정부의 관계가 대등해. 그러니 연방정부가 인종차별을 없앤다고 해도 주지사가 인종차별주의자인 곳에서는 연방정부의 영향력이 미치지 않았어.

대표적인 사례가 아칸소주였어. 1957년 9월에 아칸소주 리틀록시의 교육위원회가 흑인학교와 백인학교의 통합을 준비하자 백인들이 크게 반발하지. 그러면서 어떻게 됐는지 알아? 주방위군이 출동해.”

“군대가 출동했다고? 흑인 학생들의 안전을 위한 거야?”

“주지사는 그렇게 말했지만 실제로는 흑인 학생들의 등교를 막았어. 그러자 연방정부가 개입해서 주방위군을 철수시켰지만 이제는 백인들이 흑인 학생들을 막았어. 결국 아이젠하워 대통령이 주방위군을 연방군에 편입시켜서 출동을 막고 공수부대를 투입해서 흑인 학생들이 안전하게 등교를 하도록 보장하지.”

“와, 전쟁이네, 전쟁.”

“그렇지. 남북전쟁이 끝나고 난 뒤 미국 사회는 인종갈등으로 다시 한 번 내전을 치른 셈이야. 그리고 이런 전쟁 같은 갈등을 겪으며 흑인들의 권리를 보장해야 한다는 목소리가 높아지고 1964년에야 케네디 대통령이 민권법을 제정해. 근 10년 이상 흑인들은 합법적인 인종차별을 없애고 자신들의 권리를 보장받기 위해 투쟁했고, 그 주요한 무기가 바로 시민불복종이었어.”

“와, 대단하네. 그런데 한국에서는 그런 운동이 없었어?”

부패한 정치인을
우리 손으로 끌어내린다

"왜 없었겠니. 낙천낙선 운동이라고 들어 봤니?"

"응? 낙천낙선? 그게 뭐지?"

"선거에 정당의 후보자로 출마하려면 정당의 공천(정당이 선거에 나갈 후보를 추천하는 과정)을 받아야 해. 낙천은 문제 있는 사람이 공천을 받지 못하도록 하는 거고, 낙선은 공천을 받아서 출마한 문제 많은 정치인들을 떨어뜨리자는 거지. 이 낙천낙선 운동이 2000년에 한국에서 벌어져."

"2000년이면 내가 태어나기 전이네."

"그렇지. 1999년에 국회가 국정감사를 할 때 시민단체들이 국회의원들에 대한 의정평가를 하려 하는데 국회가 상임위원회를 닫고 협조를 하지 않았어. 니들이 뭔데 나를 평가해, 뭐 이런 자세였어. 지금이나 그때나 국회의원들은 참 싸가지가. 선거 때는 머슴이 되겠다며 머리를 숙이지만 당선되고 나면 귀족처럼 군림하지.

어쨌거나, 그러자 시민단체들은 문제 있는 국회의원들을

선거에서 떨어뜨릴 계획을 짜기 시작해. 그런데 문제는 선거법. 당시 〈공직선거 및 선거부정방지법〉(지금의 〈공직선거법〉) 제87조는 "단체는 사단·재단 기타 명칭의 여하를 불문하고 선거기간 중에 그 명의 또는 그 대표의 명의로 특정 정당이나 후보자를 지지·반대하거나 지지·반대할 것을 권유하는 행위를 할 수 없다"고 규정하고 있었어. 선거부정을 감시할 수는 있었지만 누구를 떨어뜨려야 한다고 주장하는 건 불법이었어."

"그럼 불법인데도 누구를 선거에서 떨어뜨려야 한다고 주장한 거야? 대단하네. 그런데 누구는 되고 누구는 안 되는 기준은 뭐야? 뭘 문제로 본 거야?"

"그게 굉장히 중요한 문제였지. 기준에 대한 동의가 없으면 운동을 할 수 없었으니까. 그래서 여론조사와 참여 단체의 내부 토론으로 기준을 정했지. 부패 행위, 선거법 위반 행위, 민주헌정질서 파괴 및 반인권 전력, 의정활동의 성실성, 법안이나 정책에 대한 태도, 정치인의 기본 자질을 의심할 만한 반의회적·반유권자적 행위 등이 낙천낙선 운동의 기준이었어. 그렇게 해서 전·현직 국회의원 66명, 선거에 나올 만한 사람 46명, 총 112명의 공천반대자 명단을 발표했어. 이 사람들이

후보자가 되면 낙선운동을 벌일 것이니 아예 공천을 하지 말라는 의미였지. 이렇게 했지만 낙천 대상자 중 64명이 공천을 받아. 그때나 지금이나 시민들의 목소리를 무시하는 거지.

그러자 시민단체들은 선거를 앞두고 낙천 대상자였던 64명에 22명을 추가해 총 86명의 낙선 대상자를 발표했어. 그리고 시민단체들이 대상자들의 문제를 알리고 선거에서 떨어뜨리기 위해 노력했지. 그 결과가 어떻게 되었을까?"

"삼촌이 이렇게 얘기하는 걸 보니 성공했겠지."

"눈치 빠른데. 낙선 대상자 86명 중 59명이 떨어졌어. 68.6 퍼센트. 대단한 성과지. 막강한 권력을 가진 현역 국회의원들도 스스로 물러나거나 선거에서 떨어졌어. 생각해 봐. 낙천 낙선 운동이 없었다면 비리를 저지르거나 민주주의를 파괴할 수 있는 인물들이 국회로 들어갔을 거야. 그 피해를 가늠할 수 있을까?"

"우아, 한국에서도 그런 일이 가능하구나. 그런데 법을 어겼으니 시민단체들도 무사하지 못했을 것 같은데."

"맞아. 의도적으로 법을 어긴 거니 처벌을 받았지. 고(故) 박원순을 비롯한 7명이 벌금형을 받았어."

"역시 시민불복종은 처벌을 피할 수 없구나."

"그래도 실형이 아닌 벌금형에 그친 건 이 운동에 많은 시민이 공감했기 때문이야. 낙천낙선 운동을 주도했던 총선시민연대에 참여했던 전국의 시민단체들 수가 1054개였어. 그 수를 무시할 수 없었던 거지. 그리고 많은 시민이 총선시민연대에 2억 원의 후원금을 내고 자원활동을 하고 그랬어."

"그러면 뭐하나. 처벌을 피할 수 없는데."

"시민불복종에서 처벌을 받는 건 의도적인 거야. 그래야 시민들이 그 법의 부당함을 더 잘 알게 되니까. 실제로 이 활동 이후 선거법이 바뀌어서 시민단체가 기준을 만들어 선정한 낙천자 명단을 정당에 전달하거나 공개하는 행위는 허용돼.

후보에 대해 지지와 반대의사를 표현하는 것도 선거기간에는 허용되고. 시민불복종은 이렇게 조금씩 제도를 바꾸는 운동이야.”

“그래도 쉽지 않을 것 같아. 내겐 너무 먼 일이야.”

역설이지만 시민불복종은 법을 지키기 위한 운동, 준법운동일 수도 있다. 왜냐하면 법을 모두 없애자는 운동이 아니라 내가 지킬 수 있는 법, 내가 지키고 싶은 법을 요구하는 운동이기 때문이다. 그러기 위해 시민불복종을 선언한 사람들은 법을 피해 도망치거나 처벌을 거부하지 않고 받아들인다. 그런 점에서 시민불복종은 법을 지키지 않는 운동이 아니라 지키고 싶은 법으로 바꾸려는 운동이라고 할 수 있다.

　그렇지만 처벌을 받아들이는 건 시민불복종을 주장하는 사람들 사이에서도 여전히 논쟁이 되는 주제다. 처벌을 받아들임으로써 그 법의 문제를 드러내는 활동이 시민불복종이라고는 하지만 그러면 참여할 수 있는 사람의 범위가 좁아질 수밖에 없기 때문이다. 처벌이 강한 만큼 시민들의 두려움도 커져서이다.

　그럼에도 인류 역사에서 시민불복종은 다양한 주제와 다양한 방법으로 시도되었다. 가만히 앉아서 잘못

된 결정을 순순히 받아들이지 않겠다고 결심한 사람이
나 단체들이 시민불복종 운동을 벌였고, 때로는 실패
하고 때로는 성공하면서 인류 역사를 발전시켜 왔다.
특별한 사람들도 있었지만 평범한 사람들도 자기 일상
을 바쳐 역사를 바꾸곤 했다.

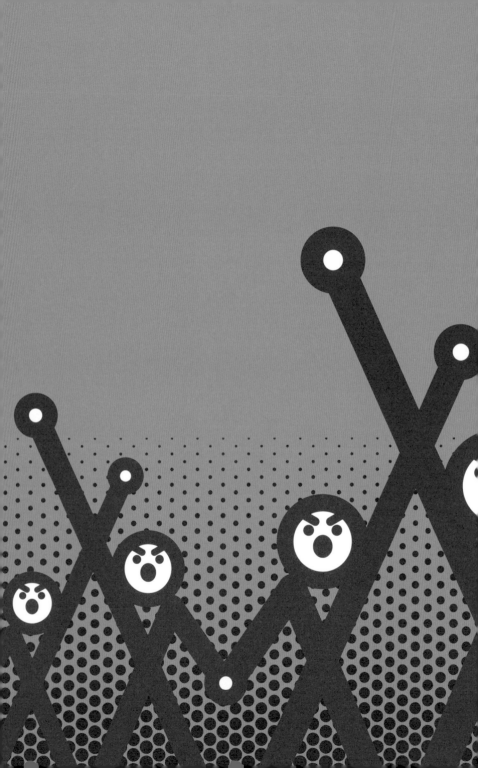

3

청소년의
참여로
조금씩
바뀌는 세상

"비폭력은 악을 행하는 인간의 의지에 얌전하게 복종하는 것이 아니고, 폭력자의 의지에 대해 온 영혼을 던지는 것이다."

– 마하트마 간디

"인간은 정의롭지 않은 법에 복종하기를 거부할 도덕적 책임이 있다."

– 마틴 루터 킹

"아무리 생각해 봐도 시민불복종은 나랑 좀 먼 얘기 같아. 처벌을 감수하면서까지 뭘 하고 싶지는 않거든."

"그러다 그 잘못된 결정 때문에 네 삶이 흔들리면? 생각해 봐. 부패한 국회의원들이 인도에서처럼 시민들에게 더 많은 세금을 걷으려고 법을 바꾸거나 미국에서처럼 피부색이나 인종, 종교, 정치적인 입장에 따라 사람들을 차별하는 법을 제정해. 그러면 네 삶이 행복할 수 있을까?"

"그건 그렇지만, 맞설 용기를 내는 게 어디 쉽냐 말이지. 감옥에 갈지도 모르는데. 삼촌도 감옥에 갔다 왔어?"

"그런 과거는 묻지 말아 달라. 내가 학교를 다닐 때는 군인이 권력을 잡고 있었어. 학생이나 농민, 노동자가 경찰이나 정보기관에서 고문을 당하고 폭행을 당하고 심지어 목숨을 잃기도 했어. 그때는 할까 말까를 고민하던 시대가 아니라 뭐라도 해야 했던 시대였지. 어느 날 네 친구가 싸늘한 시체가 되어 눈앞에 나타난다고 생각해 봐. 그게 더 끔찍하지 않아?"

"음, 그 시대를 안 살아 봐서 모르겠어. 끔찍하겠지. 그런데 지금 우리가 사는 시대는 그 정도는 아니잖아."

"그렇지. 그렇게 노골적으로 권력이 시민들을 억압하지는 않지. 그런데 생각해 봐. 2014년에 우리가 얼마나 끔찍한 경험을 했는지."

"세월호 참사 얘기구나. 정말 우울하지. 이 나라에선 내가 언제, 어떻게 죽을지 모르겠구나 싶어서. 초등학교 소풍을 가는데도 엄마 아빠가 걱정을 하더라니까."

"그러니까. 세월호에 탄 단원고 학생들 중에서 배가 침몰해서 죽을지 모른다는 생각을 한 사람이 있었겠어. 심지어 제주도로 수학여행을 가는 중에. 아직도 침몰 원인이 분명하게 밝혀지지 않았지만, 누군가가 부당한 지시나 잘못된 규정에 대해 저항했다면 그런 큰 사고가 발생할 수 있었을까? 왜 낡은 배가 무리하게 많은 짐을 싣고 운행되었을까? 왜 사고가 난 뒤에 제대로 구조를 못 했을까? 그 많은 의문점에 대해 나서서 제대로 설명을 하는 사람이 왜 없을까? 사람들이 너무 비겁해진 거야.

그런 점에서 시민불복종의 비폭력은 단지 폭력적인 방법을 쓰지 않는다는 의미가 아니야. 비폭력은 악을 행하는 인간에게, 폭력을 행사하는 자에게 굴복하지 않고 온몸을 던져 맞서겠다는 강력한 의지야."

"하긴 예전에 3.1 운동 때도 유관순 투사(누나는 좀 그렇지 않아?)처럼 법원에 넘겨진 10대가 716명이나 되었대. 20대가 가장 많긴 했지만 10대가 전체 피고인의 9퍼센트나 돼. 이렇게 보면 10대도 민주화의 중요한 기둥 아님?"

"당근이지."

"근데 왜 우리한테 권리는 안 줘? 자기들도 법을 어기면서 우리한테는 법 지키라고 하고. 맨날 공부나 열심히 하라고. 자기들이 환경 다 망가뜨렸으면서 우리한테는 자연보호 하라 그러고."

"그러게. 왜 그러는지 모르겠다."

"유체이탈 화법임? 삼촌도 기성세대 아냐. 기성세대의 문제는 자신들이 알아서 고쳐야지."

"너 오늘 굉장히 까칠하다."

"봐. 이것도 잘못된 태도야. 정당한 지적을 하는데 까칠하다니."

"미안. 그런데 한국에서만 10대들이 열심히 싸웠던 건 아니야."

"뭐야, 갑자기 화제 전환?"

오늘,
우리는 감옥에 간다

"1960년대에 미국의 버밍햄시는 흑인을 가장 심하게 차별하는 지역들 중 하나였어. 버밍햄시가 1951년에 제정한 인종분리조례는 백인과 유색인종이 같은 식당에서 밥을 먹는 걸 금지했고 카드놀이나 야구, 농구 등에서도 백인과 흑인이 어울려서 경기를 하면 안 된다고 규정했어. 병원은 층별로 인종을 구분했고."

"와, 정말 어마어마하구나. 야구나 농구도 같이하면 안 된다니."

"당시 버밍햄시 인구의 3분의 2가 백인이었어. 백인들의 수가 더 많으니 흑인들이 얼마나 불편했겠어.

또 하나 재미있는 게 있어. 미국의 선거제도인데. 한국은 만 19세 이상이 되면 누구에게나 투표권이 주어지지만 미국에서는 투표를 하려면 먼저 선거인명부에 이름을 올려야 해. 버밍햄시는 선거인명부 등록을 받을 때 흑인들에게는 네 번에 걸쳐 시험을 쳤어. 이런 거지. 앨라배마주의 모든 도시 이름을 대시오, 비누 한 개에는 거품이 얼마나 일어나는가."

"대박, 그걸 누가 어떻게 맞혀. 한마디로 투표도 하지 말라는 얘기군."

"그렇지. 그러니 흑인들의 생활이 어떻겠어. 정치는 흑인을 완전히 배제해. 일상생활에서도 계속 차별을 받아. 인종이 분리되니까 일자리도 많지 않아. 살기가 얼마나 어려웠겠어."

"가만히 앉아서 참고 살기엔 너무 불편했구나. 그래서 어떻게 됐어? 흑인들이 백인들이랑 싸운 거야?"

"말이 쉽지, 정치·경제·사회 모든 권력을 쥐고 있는 백인들이랑 흑인이 싸우는 게 쉽겠어? 그래서 흑인 지도자들이 모여 전략을 짰어. 우리가 시위를 하면 백인들은 분명히 우리를 잡아서 가둘 거다, 버밍햄시에 교도소가 두 개 있는데 수감 인원이 약 700명 정도다, 근처의 교도소를 합해도 1200명 정도가 수용 인원이니 그보다 더 많은 사람이 시위를 벌인다면 흑인들을 더 이상 잡아가지 못할 거다, 다른 범죄자들도 있으니 딱 1000명만 잡혀가 보자. 이렇게."

"아니, 그게 무슨 전략이야. 자살특공대도 아니고."

"오죽했으면 그랬겠어. 총을 들고 싸울 수도 없고, 조례가 그렇게 제정되어 있으니 지키지 않으면 처벌을 받을 게 너무 뻔하고. 그러니 어차피 처벌을 받을 거면 당당하게 처벌을 받자는 거지. 마틴 루터 킹 목사를 비롯한 흑인민권운동가들은 저항을 결심했어.

1963년 4월, 흑인들은 다음과 같은 요구사항을 걸고 시위를 시작했어.

1. 모든 상점 시설에서 인종 분리를 철폐하라.
2. 흑인들이 취업할 수 있는 고용 기회를 즉시 확대하라. 인종차별 없는 고용정책을 실시하라.
3. 시청은 체포자들에 대한 기소를 중지하라.
4. 시청은 인종평등위원회를 설치하라.

그러면서 인종을 분리하는 가게나 공공장소 앞에서 항의를 하기 시작해."

"그래서, 어떻게 됐어?"

"흑인들이 시위를 벌이기는 했는데, 생각보다 잡혀가는 사람이 많지 않았어. 흑인들도 두려우니 잡혀갈 만한 행동을 하지 못했던 거지. 애초 전략이 실패했던 거야.

그러다가 몇몇 활동가들이 생각을 했어. 청소년들이 참여하면 어떨까."

"대박, 청소년들을 감옥에 보내기로 한 거야? 그건 어른들의 이기주의 아냐. 왜 청소년들에게 총대를 메게 해?"

"그렇게 볼 수도 있는데. 사실 청소년들이 자라면 이 차별

을 그대로 받을 거잖아. 어른들을 위해 총대를 메고 대신 싸우는 게 아니라 자기 자신을 위해 싸우는 거지."

"그러게. 누군가는 싸워야 세상이 바뀌겠지만. 그래서 어떻게 되었어?"

"1963년 5월 2일 하루 동안 500~800명의 청소년들이 감옥에 수감되었어. 4월 한 달 동안 체포된 성인들의 수보다 두세 배가 많았지. 경찰들은 청소년들에게 물대포를 쏘고 경찰견을 풀어 위협했어. 그래도 청소년들은 멈추지 않고 더 많이 모였어. 5월 2일에서 6일 사이에 체포된 청소년은 약 2500명에 이르렀어."

"대박. 대단하다. 감옥이 꽉 찼겠네. 그래서 어떻게 됐어?"

"감옥에 간 청소년들은 그곳에서도 노래를 부르고 구호를 외치며 저항했어. 이런 일들이 미국 전역에 알려지게 되고 연방정부가 개입하게 되지. 그 뒤에도 이런저런 일들이 많았지만 결국은 7월 23일에 인종분리조례가 폐지돼."

"와. 정말 엄청나다."

"이 사건을 다룬 《오늘, 우리는 감옥으로 간다》(신시아 Y. 레빈슨 지음, 박영록 옮김, 낮은산, 2013)라는 책이 있으니 한번 읽어 보시게나."

"제목이 참 비장하네."

"현실이 더 비정한 거지. 비장하게 싸우지 않을 수 없게 만드니까."

"올, 라임이 좀 맞는데."

"됐네, 이 사람아."

"미국에 감옥행진이 있었다면, 한국에는 청소년들의 촛불집회가 있었지."

"맞다. 삼촌, 미국산 소고기 수입 반대하기 전부터 촛불집회가 있었다며."

"그렇지. 최초는 미군 여중생 압사 사건에 대한 촛불집회였지. 군사훈련을 하던 미군 장갑차가 길 가던 심미선, 신효순을 덮쳐서 두 여중생이 현장에서 숨졌어. 2002년이니까 네가 태어나기 전이네. 두 사람 모두 1988년생이니 살아 있었다면 이제 서른이 넘었겠네.

이렇게 사람이 두 명이나 갑자기 죽었는데 어이없게도 책임을 지는 사람이 없었어. 미군은 실수에 의한 사고라고 주장했고, 소파협정(SOFA: Status of Forces Agreement, 한미주둔군지위협정)에 따라 미군이 재판권을 가졌고 결국 두 명의 미군에게 무죄를 선고했어.

이 소식이 알려지자 사고 근처 지역의 의정부시와 양주시의 중고등학생들이 처벌을 요구하며 집회를 열었고, 인터넷과 방송을 통해 사건이 알려지면서 전 국민이 분노했지. 그러다 한 네티즌이 미대사관이 있는 광화문에서 촛불을 들자고 제안했고 인터넷을 통해 이 제안이 빠른 속도로 퍼져 나갔어."

"그래서 어떻게 됐어? 미군 병사가 처벌을 받았어?"

"미군 병사는 무죄를 선고받고 미국으로 돌아갔지. 그래도 이 사건으로 소파협정의 문제점이 전 국민에게 알려졌어. 왜 주한미군이 한국 땅에서 사고를 냈는데도 한국이 개입하지 못하는가? 실제로 촛불집회 이후에 한국 정부가 미군 범죄에 개입하려는 적극성이 조금 늘어나긴 했어. 아직도 미군의 위세가 등등하지만. 중고생들이 얼마나 큰일을 한 거야."

"그런데 그 전에는 촛불을 든 집회가 없었어?"

"밤에 열리는 집회의 경우 촛불을 들기도 했지만 많은 시민이 모여 촛불을 드는 것으로 자기 마음을 표현하는 경우는 없었지. 야간집회는 금지되었고. 그리고 보통 집회라면 마이크로 소리 높여 구호를 외치는 경우가 많았는데, 이 촛불집회는 많은 사람들이 정말 추모의 마음을 담은 촛불을 켜고 옹기종기 이야기를 나누며 이루어졌어. 촛불집회가 한국의 독특한 시위 문화로 자리를 잡는 데 단초가 된 거지."

"그러면 촛불집회도 시민불복종으로 볼 수 있는 건가? 법으로 촛불을 들지 말라는 얘기는 없으니 합법적인 건가?"

"촛불을 들지 말라는 얘기는 없지만 많은 사람이 거리에서 촛불을 들고 때로는 차도를 막아도 된다는 이야기는 없지. 어쨌거나 〈집회 및 시위에 관한 법률〉(〈집시법〉)에 따르면 많은 사람이 모이는 집회는 사전에 신고를 해야 하고."

"그래? 사람들이 모이는 건 다 신고를 해야 돼?"

"〈집시법〉은 '적법한 집회(集會) 및 시위(示威)를 최대한 보장하고 위법한 시위로부터 국민을 보호함으로써 집회 및 시위의 권리 보장과 공공의 안녕질서가 적절히 조화를 이루도록 하는 것을 목적으로 한다'(제1조)고 하지. 정말 그런지는 모르겠지만.

어쨌거나 천장이 없거나 사방이 폐쇄되지 않은 장소에서 집회나 시위를 하는 경우 목적과 일시, 장소, 주최자, 참가 예정인 단체와 인원, 시위의 경우 진로와 약도 등을 써서 관할 경찰서에 제출해야 해."

"그럼 촛불집회도 모두 신고를 한 거야? 사람들이 얼마나 올지 모르는데 어떻게 신고를 했지?"

"촛불집회는 집회나 시위가 아니라 문화제라는 명목으로 연 거지."

"문화제와 집회는 뭐가 달라?"

"내 말이."

"그래서 미국산 소고기 수입반대 촛불집회를 할 때 경찰이 그렇게 막았구나. 불법집회라고 막 방송하고. 유튜브에서 봤

는데 장난이 아니더라고."

"그렇지. 특히 〈집시법〉은 '누구든지 해가 뜨기 전이나 해가 진 후에는 옥외집회 또는 시위를 하여서는 아니 된다'(제10조)라고 규정하고 있었거든. 그런데 촛불을 들려면 밤에 해야하잖아. 낮에 촛불을 들면 뭐하냐고."

"그러게. 말도 안 되는 법이야. 그리고 그때는 시위대가 아니라 경찰이 광화문에 차벽을 세우고 막은 거였다며."

"야, 지금도 그때 생각하면 울컥한다. 시민들이 청와대로 행진하는 게 뭐 그리 위협적인 일이라고 차벽을 세우고, 물대포를 쏘고."

"그럼, 그때 촛불집회도 시민불복종인 건가? 경찰이 해산하라고 했는데도 집에 돌아가지 않고 밤을 새워 촛불을 들었으니."

"그렇게 볼 수 있지. 야간집회를 금지한 〈집시법〉의 부조리함을 문제 삼은 것이기도 하고, 거리를 점거했으니 도로교통법 위반이기도 하고. 경찰과 맞서 싸우면 공무집행방해죄나 폭행죄이기도 하고. 법으로 걸려면 걸릴 거야 많았지."

"그때 경찰에게 붙잡힌 학생들도 진짜 고생했다면서. 고등학생이었던 내 친구 형도 경찰이 학교에도 연락을 해서 엄청

시달렸다고 하던데."

"촛불집회에 청소년들이 많이 나왔던 건 학교 급식에 미국 산 소고기가 들어갈 수도 있으니 자신의 건강권 차원에서야. 광우병에 대한 공포가 당시에는 심했거든. 그리고 시민으로 서 부당한 정책에 항의한 것이기도 하고. 그걸 왜 정부가 막 냐고, 경찰이 학교에 왜 가냐고.

심지어 당시 교육과학기술부는 시·도교육감 긴급회의를 소 집해서 '학생시위 배후설'을 제기하기도 했어. 그 배후로 지목 한 게 누구겠어. 바로 전국교직원노동조합(전교조)이지. 정말 구태의연하지 않냐. 일제 식민지 시대에 학생들이 봉기한 건 '학생의 날'로 기념하면서, 현대의 학생들이 시위에 참여하는 건 '배후설'이라니 이 얼마나 구린 발상이냐."

"그러게. 우리는 뭐 생각이 없는 줄 아나. 사실 교육부가 무 슨 지침 내리면 찍소리 못 하고 듣는 게 학교면서. 그러면서 맨날 민주적인 시민이 되어야 한다는 이야기나 하고.

사실 미국산 소고기 수입반대 촛불집회는 초기에 청소년들 이 적극적으로 참여해서 불이 붙었다고 하던데."

"맞아. 2008년 5월 2일과 3일에 서울 청계천 광장에 모인 청소년들의 수가 1만 명을 넘었어. 지방에서도 청소년들이 올라왔지. 온라인에서도 청소년들이 열심히 활동했어."

"그러니까. 이명박 씨가 대통령 당선되었다고 다들 우울해서 제대로 대응도 못할 때 청소년들이 했단 말이지. 그런데 집회가 좀 될 만하니까 청소년들에게는 학교로 돌아가서 공부하라 그랬다며. 대체 왜들 그러는 거냐고. 1960년 4월, 1980년 5월, 1987년 6월,❻ 한국 역사에서 중요한 순간들마다 청소년들이 등장했는데."

"한국의 시민문화가 아직 딱 그 수준인 거지. 역사적으로 중요한 순간마다 청소년들이 전환의 계기를 만들었는데, 청소년을 동등한 시민 주체로 인정하지 않는 거지. 자꾸 누가 배후에 있냐고 물으면서. 청소년을 바라보는 기성세대의 인식이 이중적인 거지. 심지어 전라북도에서는 촛불집회 신고

❻ 불법선거와 반대파 탄압 등 민주주의를 파괴하던 이승만 대통령을 하야시켰던 1960년 4월의 전국 시위, 쿠데타를 일으킨 전두환 신군부 세력에 맞섰던 1980년 5.18 광주 민주화운동, 대통령 직선제를 비롯해 한국 민주주의의 전환기가 되었던 1987년 6월 항쟁. 이 모든 사건에서 청소년들의 모습을 확인할 수 있다. 흥미로운 점은 시간을 거꾸로 거슬러 올라갈수록 청소년들의 시위 참여가 더 폭넓고 격렬했다는 점이다. 1960년 4월 19일 한성여중 진영숙은 미리 유서를 쓰고 집을 나섰고 경찰의 총에 목숨을 잃었다. 다음은 유서의 일부 내용이다.
"저는 생명을 바쳐 싸우려 합니다. 데모하다 죽어도 원이 없습니다.
어머님, 저를 사랑하시는 마음으로 무척 비통하게 생각하시겠지만 온 겨레의 앞날과 민족의 해방을 위해 기뻐해 주세요.
부디 몸 건강히 계세요. 거듭 말씀드리지만 저의 목숨은 이미 바치려고 결심하였습니다."

저는 생명을 바쳐 싸우려 합니다.
데모하다 죽어도 원이 없습니다.
어머님, 저를 사랑하시는 마음으로
무척 비통하게 생각하시겠지만
온 겨레의 앞날과 민족의 해방을 위해
기뻐해 주세요.
부디 몸 건강히 계세요.
거듭 말씀드리지만 저의 목숨은
이미 바치려고 결심하였습니다.

를 했다는 이유로 경찰이 고등학생을 수업 중에 불러내 조사를 하기도 했어."

"그건 학생의 학습권을 침해한 거니 문제 있는 거 아냐?"

"오, 맞아. 그래서 전라북도교육청이 학교장과 학생부장, 담임교사에 경고조치를 하도록 학교 이사회에 요청하기도 했어. 헌법에는 집회와 결사의 자유가 보장되어 있지만 실제 생활에선 안 지켜져. 특히 경찰 같은 공권력들이 지나치게 개입하지."

"나는 경찰에게 협조한 학교가 더 마음에 안 들어. 학교가 학생을 보호해야 하는 거 아냐?"

"그러니까. 그리고 그게 다가 아냐. 그때 얼마나 황당한 일이 있었냐면 경찰이 시위 참여자를 검거하는 경찰에게 상금을 걸었어. 구속될 경우 1명당 5만 원, 불구속입건이나 즉심회부의 경우 1명당 2만 원, 이런 식으로. 황당하지 않냐."

"아니, 민주주의 국가라면서 어떻게 그런 일이. 무슨 온라인 게임도 아니고."

"이게 문제가 되자 포상금 대신 마일리지 점수를 줘서 일정 점수 이상이 되면 표창이나 상품권을 준다고 했대. 이게 말이 되냐."

"우리는 참 한심한 나라에 살고 있구나. 흑."

민주시민 '교육' 말고
참여를 허하라

"이 한심한 나라가 이 정도로 유지되는 건 그래도 청소년들이 움직여서 아니겠어."

"맞아. 박근혜 대통령 퇴진 때도 청소년들이 열심히 뛰었단 말이지. 고등학생들은 학교에 대자보도 붙이고."

"오, 대자보도 붙였어. 대단한데."

"대단한데, 그런 태도가 문제야. 그것 때문에 학생들이 징계를 받았단 말이야. 대통령만 퇴진시키면 뭐해. 학교는 그대로인데. 심지어 부산의 어느 학교에서는 집회에 참석했다는 이유로 학생을 퇴학시켰대. 학교장의 허가 없이는 외부행사에 참가하면 안 된다나. 이게 말이야, 방구야."

"방구네, 방구야."

"하긴 아직도 두발 검사하고 교복 입어라 그러고 핸드폰도

압수하는 나라니. 그러면서 우리가 집회에서 마이크 잡고 발언하면 꼭 아까 삼촌처럼 반응하지. 우아, 청소년이 대단한데, 이러면서."

"나 좀 안 갈구면 안 되겠니. 사과할게."

"아, 됐고. 박근혜 퇴진 때 전국의 청소년들이 시국선언을 발표하고 거리행진을 했잖아. 날도 추운데 얼마나 열심히 했어. 그런데 박근혜 퇴진하고 대통령 선거할 때 청소년들은 투표도 못 했잖아. 이게 뭐냐고. 그러면서 맨날 지못미(지켜주지 못해 미안하다)래."

"할 말이 없다. 잘못했다."

"2018년 지방선거 때도 말이야, 교육감 선거를 하는데 왜 청소년들은 투표권이 없냐고. 자신들의 삶에 영향을 미치는 결정들에 열심히 참여하는 게 민주적인 시민이라며. 우리는 열심히 참여할 의지도 있고 에너지도 충만하다고. 그런데 왜 우리에겐 투표권이 없냐고. 이건 시민불복종을 할 수도 없잖아. 누굴 떨어뜨리거나 당선시키자는 운동도 아니고. 어디다 대고 해야 해?"

"여성들이 투표권을 얻게 된 것도 오랜 투쟁의 결과였어. 영국에서는 에밀리 데이비슨(Emily Davison)이라는 여성이 목숨을 걸고 여성 투표권을 외치기도 했어.❼ 지금부터라도 싸워 가야지. 만 18세부터 투표권을 주는 〈공직선거법〉 개정안이 2020년에 통과되었으니 같이 고민해 보자고.”

“16세까지는 내려야지. 그래야 나도 투표하지. 고등학교에 들어갈 나이면 이제 웬만한 건 다 알잖아. 그리고 기후 변화나 에너지 문제처럼 우리 세대가 맞닥뜨릴 문제를 해결하려면 우리에게도 정치가 필요하다고.”

“지당하신 말씀이네.”

“그럼. 삼촌이 열심히 싸워야 해.”

“네네.”

❼ 1913년 6월 4일 에밀리 데이비슨은 경마장에서 “여성에게 투표권을”이라고 외치며 달려 나가다 왕의 말과 부딪혀 숨을 거뒀다. 데이비슨은 체포를 두려워하지 않는 활동가였고, 장례식에 참석한 여성들은 대규모 시위를 벌이며 여성 참정권을 요구했다. 결국 1918년 2월 영국 정부는 30세 이상 여성에게 참정권을 보장했다.

한국이든 미국이든 청소년들의 참여는 사회 변화에서 매우 중요하다. 그런데 한국 법은 기본적으로 청소년을 보호와 관리의 대상으로 보기 때문에 청소년의 사회 참여는 법으로 제한을 받거나 금지된다. 민주시민은 일상생활 속에서 참여하고 비판하며 민주주의를 체득해야 하는데, 한국은 민주시민 '교육'만 하려 하지 권리를 주려 하지 않는다.

그래도 청소년들은 현실의 제약을 요리조리 피하며 목소리를 내고 있다. 특히 자연자원의 고갈과 생태계 파괴, 기후 변화 등 이미 시작되었고 빠른 속도로 심각해지고 있는 위기들은 청소년 당사자들의 고민과 주장을 심화시키고 있다. 우리는 청소년들의 정치를 미래로 유예시키지 말고 지금 이곳의 변화를 위해 함께 손을 잡아야 한다. 청소년은 지금 시민이다.

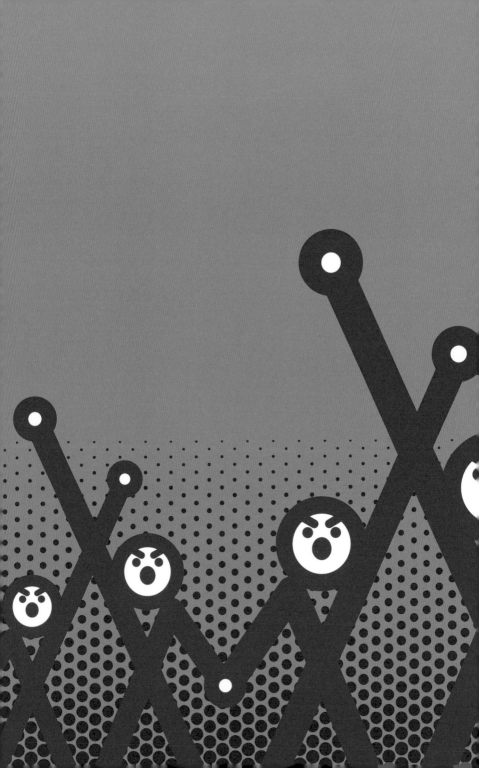

4

혁명과
불복종,
그 경계

"시민불복종은 법이나 정부의 정책을 변화시킬 목적으로 행해지는, 공공적이고 비폭력적이며 양심적이긴 하지만 법에 반하는 정치적인 행위이다."

– 존 롤스

"그런데 말이야, 시민불복종은 폭력을 쓰지 않기 때문에 혁명과 다른 건가?"

"폭력이란 무엇일까? 물리적인 힘을 쓰는 것?"

"그렇지. 불을 지르거나 사람을 때리거나 물건을 파손하는 것, 이런 게 폭력 아닌가?"

"사람의 마음에 깊은 상처와 증오를 심는 것도 폭력이지. 타인의 의사에 반해 행하는 모든 것이 폭력일 수 있어. 인간만이 아니라 뭇 생명까지 포함하면 폭력의 범위는 더 넓어지고. 그러면 육식도 폭력이거든. 비폭력은 이미 폭력으로 규정된 행위를 금하는 것과 더불어 폭력으로 여겨질 수 있는 것들에 대한 감수성을 기르는 일이야.

그리고 단순히 폭력을 썼냐 안 썼냐로만 혁명과 시민불복종을 구분하기는 어려워. 왜냐하면 폭력을 쓰지 않는 혁명도 가능하고, 폭력을 쓰는 시민불복종도 있기 때문이지. 물론 시민불복종의 경우 최대한 폭력을 피하려 하고 간디나 킹 목사의 경우 폭력을 절대 사용하면 안 된다고 했지만 사람 일이 뜻대로 되지는 않잖아. 촛불집회 때도 경찰이 폭력으로 진압하면 시민들이 저항할 수밖에 없잖아."

"경찰이 폭력을 쓴다고, 또는 상대방이 폭력을 쓴다고 같이 폭력을 쓰면 그건 거의 전쟁 아닌가?"

"시민불복종은 개인 간의 사안이 아니라 시민과 권력 사이에서 발생하지. 개인의 폭력과 공권력의 폭력이 동일하게 다뤄질 수는 없고, 공권력엔 과잉 금지의 원칙❸이 항상 적용돼. 시민의 본질적인 권리를 침해하면 안 된다는 거지.

그리고 정의롭지 않은 법, 이걸 좀 생각해 보자. 법이 정의를 보장해야 하는데, 불의를 조장한다면. 그리고 개별 법률들보다 법체계 자체가 불의를 허용하고 정의를 가로막는다면 어떻게 해야 할까? 시민불복종은 개별 법률에 대한 저항이고, 혁명은 체제에 대한 저항이라고 봐야 하지 않을까."

"그럼, 단순히 폭력을 썼냐 안 썼냐가 아니라 무엇에 저항하는지를 봐야 하겠구나."

"그렇지. 그런데 이게 좀 단순하지가 않아. 한국 역사를 봐도 그렇거든."

❽ 과잉 금지의 원칙은 비례의 원칙이라고도 하는데, 정부가 시민의 기본권을 제한하는 경우는 그 목적이 정당하고 방법이 효과적이고 적절해야 하며 설령 목적과 방법이 적절해도 시민의 피해가 최소화되도록 해야 한다는 원칙이다. 예를 들어 헌법 제37조 제2항은 "국민의 모든 자유와 권리는 국가안전보장·질서유지 또는 공공복리를 위하여 필요한 경우에 한하여 법률로써 제한할 수 있으며, 제한하는 경우에도 자유와 권리의 본질적인 내용을 침해할 수 없다"라고 규정하고 있다. 즉, 헌법은 시민의 자유와 권리에 대해 법률로 제한할 수는 있지만 본질적으로 침해하면 안 된다고 선을 긋고 있다.

"오, 또 역사로 들어가는 건가."

혁명과 불복종이 3.1 운동의 용광로에서

"2019년이 3.1 운동 100주년이었잖아. 3.1 운동은 시민불복종이었을까, 혁명이었을까?"

"음, 그거 어렵다. 혁명 아니야? 독립운동이니까."

"그래? 독립을 외쳤지만 어떤 나라를 세우자, 이런 얘기는 없었잖아. 혁명이려면 그런 얘기가 좀 있어야 하지 않을까. 폭력을 썼냐 안 썼냐로만 보면 폭력도 썼으니 혁명으로 볼 수 있지만."

"응? 3.1 운동은 평화로운 시위 아니었어?"

"실제 3.1 운동의 전개 과정은 네가 말한 물리적인 폭력을 동반하기도 했어. 경찰서와 면사무소를 습격하고 전신주를 뽑고 철도를 파괴하고. 일본 순사를 때려죽이기도 했어."

"진짜? 나는 태극기 들고 만세를 외친 운동인 줄로만 알았

지."

"그러니까 교육이 말이야….."

"또, 또, 그런다."

"자, 3.1 운동은 일제 총독부에 맞선 저항이었단 말이지. 그런데 3.1 운동에 참여했던 사람들의 동기는 다양했어. 고종의 갑작스러운 죽음에 의문을 품은 사람도 있었고, 일제에게 땅을 빼앗긴 사람도 있었고, 갖가지 명목으로 걷어 가는 세금에 불만을 품은 사람도 있었고, 이참에 독립을 해 버리자는 사람도 있었고. 이런 다양한 결을 가진 운동을 혁명이냐, 시민불복종이냐로 정리할 수 있을까."

"음, 그건 쉽지 않은 문제겠네. 참여한 사람들의 동기가 다양했단 말이지. 방법도 폭력에서 비폭력까지 여러 가지고. 그러면 시민불복종과 혁명은 구분하기 어려운 거야?"

"그렇지는 않지. 3.1 운동에 대입할 때, 혁명은 새로운 나라를 세우고 우리가 권력을 장악하는 것까지 염두에 둔다면, 시민불복종은 말 그대로 복종하지 않겠다는 선언, 현 체제를 인정한 상태에서 변화를 일으키려는 운동을 시작한다는 의미에 가깝지. 이렇게 보면 3.1 운동은 일제 식민지 체제를 인정하느냐 하지 않느냐에 따라 혁명이냐 시민불복종이냐로 구분되겠지. 그러니 또 이렇게 얘기할 수도 있지. 시민불복종이 활성화되다 혁명으로 번질 수는 있어도, 혁명이 시민불복종으로 바뀌기는 어렵다고."

흑인만의 나라를 세우자

"혹시 맬컴 엑스(Malcolm X)라고 들어 봤어?"

"아니, 처음 듣는데. 비밀첩보원인가? 엑스라고 하니 뭔가 비밀스러운 분위기가."

"본명은 맬컴 리틀(Malcolm Little)이야. 자기 성을 버리고 엑스(X)라는 성을 택한 거야. 자신의 뿌리는 아프리카이고 그 성을 아직 알 수가 없으니 엑스라고 쓴 거지."

"우아, 뭔가 간지 나는데."

"1960년대 미국의 흑인권리운동가이자 정치인이었어. '네이션 오브 이슬람(Nation of Islam)'이라는 단체의 대변인이기도 했고."

"이슬람이면 이슬람교도 아닌가? 그 당시면 마틴 루터 킹 목사와 함께 활동했던 거야? 이슬람교도와 목사라, 흥미로운 데."

"그게 이 이야기를 꺼낸 이유이기도 한데, 마틴 루터 킹 목사가 주요한 운동 방법으로 시민불복종을 채택했다면, 맬컴 엑스는 혁명을 주장하는 것에 가까웠어. 맬컴 엑스는 흑인을 차별하지 말고 인권을 보장해 달라는 요구를 넘어 흑인들의 국가를 만들어야 한다고 주장했거든."

"와우, 그러면 백인들은 어떻게 해? 백인들의 미국, 흑인들의 미국을 따로 만드는 건가? 그건 남북전쟁 시대로 돌아가자는 거 아냐?"

"어릴 적부터 지독한 인종차별에 시달렸고 편치 않은 청소년기를 보냈기 때문에 그럴 수도 있는데, 맬컴 엑스는 인종 간의 화합이 불가능하다고 봤어. 지금도 미국에서 간간이 일어나고 있지만 당시에도 백인 경찰들이 흑인들을 범죄자 취급하고 폭행하는 일이 잦았어. 유명한 일화인데, 한 지역에서 그런 일이 생기자 맬컴 엑스가 수천 명의 흑인들을 불러 모아 경찰서를 에워싸기도 했어. 맬컴 엑스는 이런 폭력에 맞서려면 흑인들에게도 방어권이 있고 폭력도 써야 한다고 봤어."

"대박, 인터넷 검색해 보니 물건을 훔치다 감옥에도 갔었네."

"감옥에서 나온 뒤에는 이슬람교를 설교하고 흑인의 권리를 연설하는 걸로 이름을 날렸지. '나비처럼 날아서 벌처럼 쏜다'는 말을 남긴 유명한 권투선수 무함마드 알리(Muhammad Ali)도 맬컴 엑스를 좋아했어. 맬컴 엑스가 연설을 하는 날에는 청중들이 어마어마하게 모였지."

"무함마드 알리, 그분도 이름이 참 재미있네."

"그것도 가명이지. 맬컴 엑스의 유명한 연설 중엔 이런 말도 있었지.

'20세기의 엉클 톰⁹들은 여러분과 나를 잡아 두고, 지배하려 듭니다. 우릴 수동적이고 평화적이며 비폭력적으로 잡아 두고자 합니다. 톰은 여러분을 비폭력적으로 만듭니다. … 여러분의 목숨을 지키세요. 그것이 여러분이 할 수 있는 최선입

❾ 미국의 작가 해리엇 비처 스토(Harriet Beecher Stowe)는 1852년에 흑인 노예 톰의 일생을 다룬 《톰 아저씨의 오두막(Uncle Tom's Cabin)》을 발표했다. 주인공인 톰은 정직하고 성실한 사람으로 흑인들의 탈출을 돕지만 적극적으로 백인과 맞서 싸우지는 않았다. 그래서 흑인운동을 하던 사람들은, 착한 주인을 기다리고 학대를 순응하며 받아들인다는 점에서 톰이라는 주인공이 흑인을 수동적인 순교자처럼 만든다며 비판했다. '20세기의 엉클 톰'이란 비폭력을 강조했던 당시의 흑인민권운동가들을 가리키는 말이었다.

니다. 여러분이 이것을 포기하려 한다면, 차라리 그들과 동등해지세요.'

인터넷 검색해 봐. 맬컴 엑스의 연설을 녹음한 것도 들을 수 있어. 말에 엄청난 힘이 들어가 있어. 마치 목사 같지."

"그러게. 사람들의 반응이 어마어마하네."

"네이션 오브 이슬람을 탈퇴한 뒤엔 맬컴 엑스도 흑인민권운동 쪽에 더 가까워지긴 해. 그러다 암살을 당하지. 그때 나이가 마흔 살이야."

"오, 삼촌보다 어린 나이네. 삼촌은 그동안 뭐 했어."

"야, 됐고. 시민불복종과 혁명의 차이를 이제 좀 알겠어?"

"음, 느낌은 와. 혁명은 체제 자체를 전복시키는 걸 목적으로 삼기 때문에 처음부터 그런 틀을 짠다는 거잖아. 흑인이 백인보다 우월하다. 그런데 백인들이 흑인들을 오랜 세월 억압하고 노예로 부려 왔다. 그러니 이제 우리가 단결해서 흑인들의 나라를 따로 만들어야 한다. 이건 특정 이슈를 알리기 위해 불복종하는 것과 다르다는 거잖아."

"오, 역시 너는 점점 더 똑똑해지고 있구나."

"맬컴 엑스는 마흔 살도 되기 전에…."

"됐어."

불법을 통해
더 큰 범죄를 예방하다

"이번엔 폭력에 대해 조금 더 구체적으로 얘기해 보자. 앤지 젤터(Angie Zelter)라는 영국 사람이 있어. 이 사람이 뭘 했냐면 영국의 군사기지에 몰래 들어가 전투기를 망치로 부쉈어."

"대박, 망치로 전투기를. 삼촌은 정말 이상한 사람들을 많이 아는구나. 위험인물이야. 그래서 인생살이가 쉽지 않은…."

"그만하시지. 1996년에 영국 정부는 인도네시아에 최신식 전투기를 판매할 예정이었어. 그런데 당시 인도네시아 정부는 동티모르에서 인종학살을 벌이고 있었어.[10] 인종학살을 도울 무기를 영국이 파는 셈이었지. 그러자 앤지 젤터와 동료

[10] 인도네시아는 1975년에 동티모르가 포르투갈에서 독립하자마자 무력으로 침공해서 수만 명의 주민들을 학살했다. 동티모르 인구 70만 명 중 20만 명이 학살되거나 추방된 참혹한 상황에서 동티모르인들은 계속 저항했고, 인도네시아 정부는 1991년에도 수천 명의 주민을 학살하고 고문했다. 앤지 젤터는 영국의 평화운동가로 1991년의 학살을 알리고 전투기가 민간인 학살에 사용되는 것을 막고자 했다.

세 명이, 수출할 호크전투기가 있던 군사기지에 몰래 침투해서 전투기를 망가뜨린 거야."

"헐, 그 비싼 장비들을 망치로. 무슨 토르의 망치도 아니고 말이야."

"레이다와 미사일유도장치, 이런 걸 망치로 다 부쉈어. 그리고 그곳에 동티모르에서 학살된 사람들의 사진을 붙였지. 일종의 퍼포먼스지. 너도 알다시피 전투기가 좀 비싸니. 20억 원 정도의 손해가 났어. 그 뒤에 어떻게 되었을까?"

"감옥에 갔겠지."

"아니야. 법원은 무죄 판결을 내렸어."

"헐…, 그 비싼 전투기를 망가뜨렸는데."

"민간인들을 무차별 학살하는 정부에 전투기를 수출하는 것은 학살을 막자는 유엔의 결정에 반하는 것이라고 영국 법원의 배심원들은 판단했어."

"훌륭한 배심원들이다. 한국에서도 판사가 아니라 배심원들이 판결을 내렸으면 그랬을까?"

"음, 설마. 그런데 이게 끝이 아니야. 앤지 젤터는 1998년에 '무기를 쟁기로 바꾸자'는 트라이던트 플라우셰어즈(Trident Ploughshares)라는 단체를 만들고, 1999년 6월에는 영국 해군 기지에 몰래 들어가 트라이던트 핵잠수함에 있던 장비와 서류들을 바다에 던져 버렸어."

"헐, 완전 대박. 이번엔 핵잠수함? 거기에 몰래? 완전 영화네. 어벤저스야?"

"그때 외쳤던 구호가 '죽음의 핵실험 금지하라', '인종학살을 위한 실험에 반대한다'였어. 당시 트라이던트 핵잠수함은 총 TNT 4800만 톤 위력의 핵탄두들을 탑재하고 192개의 목표물을 동시에 겨냥할 수 있는 영국의 전략 핵잠수함이었어. 그 비싼 장비를 교란시킨 거지."

"설마, 이것도 무죄?"

"당시 변호사는 법정에서 이렇게 말했어. '나토 핵잠수함 기지의 통제실에 침입해 컴퓨터를 바다에 버린 것은 일단 불법처럼 보인다. 그러나 더 큰 범죄를 예방했다는 차원에서 보면 불법이 아니다.' 결국 영국 법원은 이들에게 무죄를 선고했어."

"영국 법원은 뭔가 특별한 곳이구나. 한국이었다면 모두 구속되고 중형을 선고받았을 텐데."

"놀랍게도 젤터는 한국과도 인연이 있어."

"정말? 한국에서도 비슷한 일을 했어?"

"응, 젤터는 한국에서도 비슷한 활동을 했어. 2012년 제주
도에 만들어지는 해군기지를 반대하기 위해 다른 활동가들과
함께 카약을 타고 해군기지로 들어가는 등 여러 차례 시위를
벌였어. 그 결과 '폭력행위 등 처벌에 관한 법률', '경범죄처벌
법', '형법상 업무방해죄' 등으로 대한민국 경찰에 체포되었고
결국 제주지방법원은 구속영장을 발부하는 대신 자진 출국
명령을 내렸어. 사실상 추방이지."

"역시 법원은 영국 법원이야. 똑같은 법원인데 왜 이런 차
이가 나는 거지?"

"법은 그 사회의 상식과 여론을 반영하니, 한국 사회의 상
식이 그 정도라는 거지. 정부가 하는 일을 반대하는 건 무조
건 범죄로 보는 게 우리 사회의 시각이지. 그러나 설령 합법
적인 절차를 밟았다 하더라도 부당한 건 부당한 것으로 인정
되도록 해야지. 어쩌면 그래서 더 많은 시민불복종이 필요한
건지 몰라."

제주도 강정마을 해군기지만이 아니라 평택 대추리 미군기지 건설, 밀양과 청도의 송전탑 건설반대 운동에서도 많은 시민이 불복종 운동을 펼쳤다. 당장 진행 중인 공사를 막는 것도 중요하지만 왜 이런 군사기지나 송전탑, 시설들이 만들어져야 하는지, 그 절차와 정당성은 확보되어 있는지 등을 물으면서 시민들은 정부 결정의 정당성에 의문을 던졌다.

만약 이런 활동들이 없었다면 어떻게 되었을까? 정부의 결정이라 하더라도 최소한의 정당성과 주민들과의 충분한 협의가 없다면 저항에 부딪칠 수밖에 없다는 점이 부각될수록 정부는 더욱더 신중하게 결정을 내리게 된다. 인간이 내리는 결정인 이상 어떤 것이든 잘못될 수 있고, 그런 잘못을 줄이고 바로잡는 과정이 중요하다면, 시민불복종은 그런 잘못을 줄이는 중요한 수단이라 할 수 있다. 그러니 꼭 최후의 순간에만 시민불복종이 등장할 필요는 없다.

 그리고 그런 활동이 없었다면 사회가 더 많은 피해와 손해를 감수하게 되었을 거란 점에서 우리 사회는 시민불복종 운동을 벌인 시민들에게 빚을 진 셈이다.

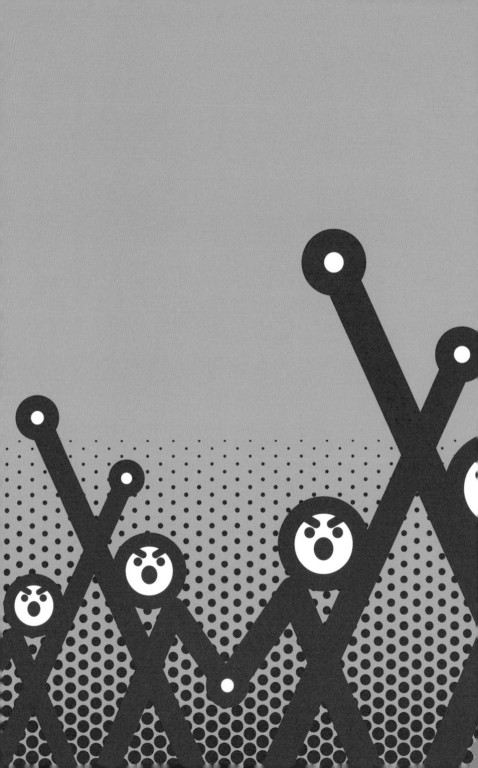

5

불복종이라는
약의 부작용

"시민불복종 운동도 실정법 질서와 법치주의의 테두리를 벗어나면 보호를 받을 수 없다."

— 밀양송전탑 반대운동에 대한 1, 2심 재판부 판결

"지금까지는 시민불복종에 관한 좋은 이야기들만 했는데,
완전무결한 개념은 없는 거 아니야? 법을 지키지 않는 사람
의 정당성이 있다 해도 너 나 할 것 없이 법을 지키지 않기 시
작하면 사회질서가 무너지는 것 아냐?"

"너는 너 나 할 것 없이 법을 안 지켜서 망한 사회를 실제로
봤니? 나는 시민불복종 때문에 망했다는 나라를 본 적이 없
는데. 그리고 시민불복종은 그 행위로 인한 책임을 지는 거라
법원 판결이 나오면 수용하는데, 전과를 쌓으면서까지 올바
름을 주장할 사람이 몇이나 될까."

"그래도 분명히 이해관계가 첨예한 문제가 있을 것 아냐.
그런 문제에서 어느 한편이 시민불복종을 내세워 법을 어기
기 시작하면 갈등이 풀릴 수 있을까? 너 나 할 것 없이 복종
하지 않겠다고 하면?"

"내가 전에 얘기했듯이 시민불복종은 개인 간의 문제가 아
니라 시민과 정부 사이의 문제야. 그러니 갈등을 줄일 건가,
갈등을 얼마나 빨리 풀 건가보다 어떤 갈등인가에 주목해야
해. 어느 누군가에겐 그 갈등이 온 삶을 거는 문제일 수 있으
니까. 갈등의 해결보다 정부나 힘센 쪽이 그 주장에 충분히
귀를 기울이는 게 먼저 아닐까?"

"그래도 그 과정에서 법체계가 신뢰를 잃고 사회 곳곳에서 불복종이 확산되어 정부가 통제력을 잃는다면?"

"오호, 그건 정말 흥미로운 상황이 되는 거지. 그런데 현실은 논술시험이 아니란다."

"삼촌아, 사람을 설득하려면 여러 경우를 다 고려해야지."

법치주의가 법만능주의가 되지 않으려면

"좋아, 그럼 얘기를 한번 해 보자. 가장 먼저 얘기할 수 있는 건 법치주의겠지. 법치주의가 뭐냐?"

"법을 지키는 것?"

"아니야. 법치주의는 법이 공평하고 정의롭게 적용되는 걸 뜻해. 권력이 자의적으로 사용되지 않고 공정하게 작동하는 걸 법치주의라고 하고, 법치는 시민의 자유를 제한하는 방법이 아니라 자유를 실현하기 위한 수단이라는 게 사상가들의 합의야."

"어라, 내가 알던 거랑 좀 다르네."

"그럼, 네가 알던 걸 좀 고쳐야지. 그렇기 때문에 법치주의에서는 시민들이 법을 만들고 집행하는 과정에 참여하는 게 매우 중요해. 자신의 자유와 연관된 일이니까."

"음, 그럼 이렇게 물어보자. 법이 공평하고 정의롭게 적용되어야 하는 건 맞는데, 누군가는 자신의 특수한 이해관계 때문에 법을 지키지 않겠다고 할 수 있잖아. 그러면서 그걸 시민불복종이라고 주장하면 어떡해? 때로는 모두의 이해관계를 위해 특수한 이해관계를 희생해야 할 때도 있잖아."

"맞아, 그런 경우가 있겠지. 그래서 무엇이 보편적인 이해관계, 즉 공공성인지가 중요한 기준이지. 그리고 법이 그걸 잘 규정하고 있는지를 법률가들에게만 맡겨 놓지 말고 잘 들여다봐야 해. 예를 들어, 대한민국헌법 제37조를 보면 이렇게 되어 있어.

제1항. 국민의 자유와 권리는 헌법에 열거되지 아니한 이유로 경시되지 아니한다.

제2항. 국민의 모든 자유와 권리는 국가안전보장·질서유지 또는 공공복리를 위하여 필요한 경우에 한하여 법률로써 제한할 수 있으며, 제한하는 경우에도 자유와 권리의 본질적인

내용을 침해할 수 없다."

"거봐, 그러니까 개인의 권리를 제한할 수 있다는 거잖아."

"이보게. 그러니까 할 수 있다가 아니라 바로 여기서 많은
문제들이 생긴다네. 국가안전보장, 질서유지, 공공복리, 이게

너무 추상적이지 않은가. 가령 내가 사는 동네에 꼭 필요하다며 고압송전탑을 설치한다고 쳐. 그런데 나한테는 공사가 시작되고 난 뒤에 그걸 통보해. 그럼 어떻게 해야 할까?"

"어, 그건 문제인데. 왜 이렇게 일하냐고 따져야겠지. 그래도 안 되면 법원으로."

"이게 국책사업이라고, 국익을 위해 추진하는 사업이니 개인이 양보해야 한다고 일방적으로 통보하면, 그래서 토지도 강제로 수용 가능하다고 하면. 그리고 법원으로 갔는데 몇몇 문제점은 있지만 사업을 중단해야 할 정도의 큰 문제는 없다고 하면. 그러면 그냥 물러서야 할까?"

"음, 그건 좀 억울하겠다."

"지금까지 한국의 주요한 국책사업들은 주민들과의 제대로 된 협의 없이 일방적으로 추진되었어. 지금 추진되는 제주도 제2공항 건설 사업도 건설 예정지 주민들은 언론에 사업계획이 발표된 걸 듣고서야 자기 마을에 공항이 들어선다는 사실을 알았어. 이게 말이 되냐고. 공익을 위한 거라면 그 과정도 시민과의 협의와 합의를 거쳐야 하는 거지. 그래야 법에 대한 존중감이 생기지."

"그러니까 법치주의가 법을 무조건 받아들여라로 가면 안 되는구나."

"그런 건 독재국가에서나 가능한 논리야. 그건 법치주의가 아니라 법만능주의니까. 예를 하나 더 들어 볼까? 젠트리피케이션이라고 들어 봤어?"

"알지. 임대료를 비싸게 올리는 거."

"그동안 한국에는 건물주들이 임대료를 마구 올리는 걸 막을 수 있는 법이 없었어. 그러다 보니 세입자가 열심히 일해서 상권을 일궜는데, 장사가 될 만하면 주인이 임대료를 엄청나게 올리거나 가게를 비우라고 해. 그러면 세입자가 '네, 알겠어요.' 하며 나가야 할까."

"억울하겠지."

"세입자들의 저항이 이어지고 난 뒤에야 〈상가건물 임대차 보호법〉 개정안이 2018년 9월에 국회를 통과했어. 근본적인 해결책은 아니지만 세입자에게 조금 더 유리한 조건들로 바뀌었지.

그러니까 말이야, 법보다 사람이 더 중요한 거야. 그래서 소로가 법에 대한 존경심보다는 정의에 대한 존경심이 필요하다고 얘기한 거야. 그런 이유에서 헌법 제37조 제2항에도 과잉 금지의 원칙이란 게 있는 거야. 권리의 본질적인 내용을 침해하면 안 된다는 거지."

시민권이 없을 때 불복종은 어떻게?

"그런데 말이야, 우리 청소년처럼 시민권을 얻지 못한 사람들은 어떡해. 이 법이 부당하다고 공개적으로 말하는데 아무도 주목해 주지 않아. 예를 들어 〈청소년 보호법〉이 있잖아.

이 법의 목적이 이렇게 되어 있어. '이 법은 청소년에게 유해한 매체물과 약물 등이 청소년에게 유통되는 것과 청소년이 유해한 업소에 출입하는 것 등을 규제하고 청소년을 유해한 환경으로부터 보호·구제함으로써 청소년이 건전한 인격체로 성장할 수 있도록 함을 목적으로 한다.'(제1조)

말은 좋은데, 청소년보호위원회가 유해성을 심의·결정하는 중요한 기구인데 거기에 청소년은 한 명도 없어. 이게 뭐냐고. 아까 삼촌이 말한 대로 따지면 유해함이 뭐고 건전한 인격체는 뭐냔 말이지."

"〈청소년 보호법〉에 있잖아. 청소년유해매체물과 청소년유해약물, 청소년유해물건, 청소년유해업소, 말하다 보니 뭐가 많네."

"그래, 말 잘했어. 청소년유해약물이 술, 담배, 마약류, 환각물질, 여기까진 참아 주겠어. 그런데 청소년의 심신을 심각하게 손상시킬 우려가 있는 약물이 있잖아. 그러면 잠 안 자고 열심히 공부하라며 먹는 것들도 건강에 유해한 거 아냐. 청소년들의 심신을 정말 해치는 게 뭐라고 생각해? 약물? 물건? 유흥업소? 내가 볼 때는 입시지옥이라고."

"나야 그렇게 생각하지."

"게임도 청소년들의 심신에 영향을 미친다고 셧다운제를
실시했던 건 알아? 밤 12시가 되면 게임이 자동으로 꺼졌어.
2022년 1월부터 폐지되었지만."

"10년이 걸렸지만 폐지되어 다행이지."

"16세 이하는 인터넷 게임을 하기 위해 회원가입하는 것도
부모님 동의를 받아야 해. 그게 말이 돼?"

"안 된다고 생각하지."

"그래서 우리가 〈청소년 보호법〉이 부당하다고 시민불복종
을 하면?"

"부모들이 싫어하겠지. 이슈도 잘 안 되고."

"미래시민들은 현재 불복종을 하면 안 된다, 이런 건가?"

"아냐, 왜 나한테 그러냐고. 나는 찬성한다고."

"그런 태도가 더 문제야. 그럼 바꿔야지."

"네네."

"청소년만 그럴까. 장애인들도 그렇잖아. 뭔가가 문제라
는 점을 알리려면 대중 앞에 자신을 드러내야 하는데 장애인
이동권이 보장되지 않는 한국 같은 나라에서는 어떻게 해야
해? 그리고 기자회견을 열었는데 아무도 안 오면?"

"음, 질문이 점점 더 심오해지는데. 맞아. 시민불복종도 그

권리를 쓸 수 있는 사람에게만 주어지는 것 아니냐는 비판이 있어. 그리고 청소년, 장애인만이 아니라 난민에게도 그렇고. 여성에 대한 차별도 여전하고. 이런 상황에서 역으로 사회의 약자들을 대상으로 법을 어기자는 경우가 생기기도 하고. 예를 들어, 최근에는 최저임금을 인상하지 말고 사장들이 불복종하자는 황당한 이야기도 인터넷에 떠돌더라고."

"그러니까. 미등록 외국인노동자나 난민들은 무차별 단속의 대상인데, 불복종이 가능할까? 모습을 드러내는 순간 추방당하는 사람들이잖아. 법질서의 대상이 아니기 때문에 애초에 명령조차 받지 못하는 사람들은 불복종할 권리도 없는 것 아니야?"

"백번 맞다고 생각합니다."

"성소수자들은? 대중 앞에 자신을 드러내는 것 자체가 폭력과 위험에 자신을 노출시키는 것과 마찬가지인 사람들은 어떻게 불복종해야 해?"

"그래서 곁을 지키는 사람들이 중요하다고 생각합니다."

"그러니까 불복종도 중요하지만 누가 시민인가도 중요한 거 아냐?"

"질문이 너무 날카로운데. 맞아. 자신의 권리를 잘 아는 사

람들이 불복종을 그렇게 이용할 수도 있지. 하지만 시민불복
종은 시민으로 인정되지 못한 사람들이 '시민으로서의 권리'
를 요구할 수 있는 방법이기도 하니 부정적으로만 생각하지
는 말고. 오늘은 너한테 많이 배웠네."

세상에 부작용이 없는 약은 없듯, 시민불복종도 완전무결한 개념은 아니다. 착한 정치인, 윤리적인 기업이 있을 수는 있지만 그런 존재가 있다고 권력과 기업에 대한 감시를 늦출 수 없듯이, 시민불복종이 부조리한 권력과 맞서는 방법이지만 그렇게 싸우다 그 자신이 권력으로 변할 수도 있고, 시민불복종이 불복종할 수 있는 사람들만의 참여 수단으로 변질될 수도 있다.

그래서 계속 돌아보는 과정이 필요하다. 시민불복종이 지향하는 정의와 공정성은 논리를 잘 갖추고 있는지, 시민이라는 이름으로 타자를 배제하는 건 아닌지, 방법과 목적이 조화를 이루고 있는지를 계속 확인하는 과정이 필요하다.

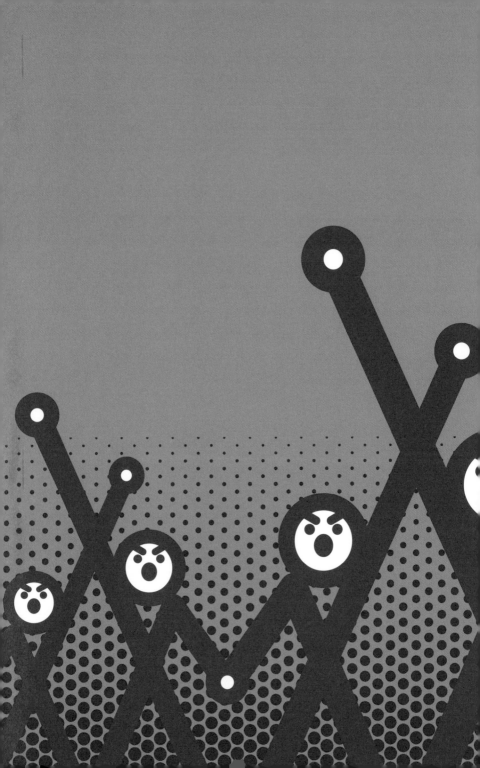

6

소비자의 주권과 이익을 지킨다

눈앞의 이익을 위해 4대강 개발을 앞장서는 이들을 반생명적 기업으로 규정하고 불매운동을 전개한다.

— 4대종단연대회의

"아, 정말. 저 가게는 우리가 호구인 줄 알아."

"형제여, 오늘은 또 무슨 일로 이렇게 흥분하시는가."

"우리 학교 앞 분식집. 가격은 똑같은데 갈수록 양이 줄어들어. 양이 적다고 뭐라 하면 주인이 반말이나 찍찍 하고 말이야. 우리도 손님인데."

"그래, 그러면 불매운동을 해."

"불매운동? 그건 불법 아냐?"

"불매운동 자체가 불법은 아니지. 명예훼손이나 다른 거에 걸릴 수 있어서 그렇지. 따지고 보면 불매운동도 시민불복종과 가까워."

"불매, 불복종, 아니 불(不) 계열이구나."

"모든 불매운동이 불복종 운동인 건 아니지. 예전에 미국산 소고기 수입반대 촛불집회를 할 때 '언론소비자주권국민캠페인(언소주)'이 뉴스를 탔지. 이 캠페인은 공정보도를 하지 않는 〈조선일보〉, 〈중앙일보〉, 〈동아일보〉 신문사에 광고를 싣지 말라고 기업들에 전화를 걸어 압박했어. 그러다 형법 제314조❶ 업무방해죄로 24명이 기소되었고 1심에서 유죄 선고를 받았어. 이렇게 되면 불매운동이 불복종 운동으로 넘어가는 거지. 왜냐하면 잘못된 법률에 대한 저항의 의미까지 생긴 거니까.

이명박 정부가 4대강 사업을 할 때도 4대종단연대회의, 즉 천주교, 불교, 기독교, 원불교 종단이 4대강 사업에 참여하는 현대건설, HDC현대산업개발, 삼성물산, 삼성중공업, SK건설, GS건설, 대우건설, 대림산업, 두산건설, 포스코건설, 한양컨소시엄(지금의 ㈜한양) 등에 대한 불매운동을 하겠다고 선언하기도 했어."

"소비자들이 사지 않는 건 불법은 아니네. 우리도 불매운동을 할까?"

"그렇지. 그런데 나 혼자 사지 않는 건 개인적인 선택이지만 저 가게, 저 기업 상품을 사지 말자고 주위에 알리고 거래처들에 압력을 행사하는 건 법을 위반할 수 있지. 아까 그 분식집 앞에서 1인 시위를 할 수도 있지. 그런데 양이 줄어들었다는 증거가 없다면 주인이 형법 제307조[12] 명예훼손죄로 너를 고발할 수도 있어. 인터넷에 글을 올렸을 때도 마찬가지고. 심지어 사실적시명예훼손죄라는 것도 있어. 사실을 말한 것이라 하더라도 타인의 평판을 떨어뜨릴 때는 고발될 수 있어."

"그건 좀 이상한 거 아냐. 저쪽에 잘못이 있어 지적한 건데,

사실을 말해도 법의 처벌을 받다니.”

“그러니 어메이징 대한민국이지.”

거대한 상대에 맞서는 방법, 불매운동

“전에 얘기했듯이 간디가 영국 소금을 사 먹지 말자고 한
것도 일종의 불매운동이었네.”

“그렇지. 2016년에 이랜드파크가 21개 산하 브랜드의 4만
명이 넘는 노동자들에게 83억 원 이상의 임금을 지급하지 않

> ⓫ 형법 제314조(업무방해)
> ① 제313조의 방법 또는 위력으로써 사람의 업무를 방해한 자는 5년 이하의 징
> 역 또는 1천500만 원 이하의 벌금에 처한다. [개정 1995.12.29]
> ② 컴퓨터등 정보처리장치 또는 전자기록등 특수매체기록을 손괴하거나 정보
> 처리장치에 허위의 정보 또는 부정한 명령을 입력하거나 기타 방법으로 정보처
> 리에 장애를 발생하게 하여 사람의 업무를 방해한 자도 제1항의 형과 같다. [신
> 설 1995.12.29]
> ⓬ 형법 제307조(명예훼손)
> ① 공연히 사실을 적시하여 사람의 명예를 훼손한 자는 2년 이하의 징역이나
> 금고 또는 500만 원 이하의 벌금에 처한다. [개정 1995.12.29]
> ② 공연히 허위의 사실을 적시하여 사람의 명예를 훼손한 자는 5년 이하
> 의 징역, 10년 이하의 자격정지 또는 1천만 원 이하의 벌금에 처한다. [개정
> 1995.12.29]

아 불매운동을 당하기도 했어. 전에 최저임금 다룰 때 얘기했지. 한국은 기본급 외에 여러 수당이 있는데 당시 이랜드파크가 떼먹은 수당이 휴업수당, 연장수당, 연차수당, 야간수당 등 다양했어. 그래서 이랜드파크가 운영하던 애슐리, 자연별곡, 피자몰 등에 대한 불매운동이 벌어졌지. 그래서 어떻게 되었게?"

"사과했어?"

"그렇지. 임원진 명의의 광고를 실어 사과했고 대표이사가 해임되었지. 그래서 이랜드파크는 좋은 기업이 되었을까?"

"음, 왠지 삼촌이 얘기하니 아닐 것 같아. 삼촌의 기운은 어둡고 불행하고….'

"됐고. 정의당 이정미 의원이 2017년 1월 24일 〈블랙기업 이랜드의 실체〉라는 종합보고서를 발표했는데, 이랜드가 사과를 하고 난 뒤에도 무려 24개의 사안이 관련 법령을 어기거나 침해했다고 해. 사과하고 난 뒤에도 바로잡지 않았다는 거지."

"대체 왜 그런 거래?"

"다들 그러는데 왜 우리한테만 이래, 뭐 이런 심정인 거지. 그리고 사과하고 시간이 지나면 시민들이 다 잊어버릴 거니 좀만 더 버티자, 이런 마음도 있고. 언론진흥재단의 뉴스 빅데이터 분석 시스템 '빅카인즈'에 의해 불매운동을 키워드로 검색 정리한 바에 따르면, 2014년 8월 21일부터 2017년 8월 20일 3년 동안 불매운동의 대상으로 가장 많이 지목된 기업은 롯데(149건)였어. 2위가 옥시레킷벤키저(123건), 3위가 이케아(19건), 4위 현대자동차(18건), 5위 홈플러스(17건) 등이었어. 이랜드는 11위(7건)였고."

"웬만한 기업들은 다 문제가 있구나. 다 불매운동 하고 나도 간디처럼 물레나 돌릴까."

"이왕 돌릴 거 내 것도 만들어 줘."

"됐거든. 한국만 이런가? 노동자들에 대한 처우만 문제인 건가?"

"불매운동이 벌어지는 곳이나 불매운동의 이유는 다양해. 세계적인 신발 제조사인 나이키의 경우 동남아시아에서 청소년들을 착취해 신발을 제작했다는 이유로 전 세계적인 불매운동을 당하기도 했어. 그 뒤에는 착한 기업으로 거듭나려고 노력하고 있지만."

"맞아. 외국계 기업이라고 다르지는 않더라고. 청소년들도 옥시에 대한 불매운동에 참가하기도 했어. 가습기살균제 때

문에 많은 사람이 죽고 다쳤는데도 책임 있는 사과도 하지 않았잖아. 불매운동은 기업이라는 거대한 상대에 맞서는 방법이기도 하구나."

"불매운동이 꼭 부정적인 운동만은 아냐. 마마무라는 아이돌 그룹이 있는데, 2018년 연말에 소속사가 무리한 스케줄로 콘서트를 계획하자 팬들이 불매운동을 해서 콘서트를 연기시키기도 했어."

"오, 마마무, 멋지지. 역시 무무들이 멋지네."

"시민불복종의 목적이 잘못된 법이나 정책의 문제점을 드러내고 공론화하는 거라면, 불매운동의 목적은 기업의 잘못된 경영전략이나 지침을 문제 삼고 이를 철회하도록 만드는

데에 있어. 사안을 대중화시켜서 여론을 움직인다는 점에서
시민불복종과 불매운동의 공통점이 있고, 시민불복종이 시
민의 주권과 공공성을 지킨다면 불매운동은 소비자의 주권과
이익을 지킨다는 차이점이 있지."

"시민과 소비자의 차이는 뭘까?"

"시민과 소비자의 중요한 차이는 공공성이겠지. 소비자는
말 그대로 자기 욕구에 맞는 소비를 추구하는 것이겠지만, 시
민은 자신의 필요만이 아니라 사회의 공공성을 지키기 위해
비판하고 참여하는 거지."

"그렇다면 불매운동이 불복종 운동으로 발전하려면 공공성
이 중요하겠군."

"그런데 우리 역사를 보면 시민과 소비자의 미묘한 거리를 잘 활용한 운동도 있었어."

언론 민주화를 위해

"이것도 상당히 재미있는 이야기야. 잘 들어 봐."

"오, 또 역사 이야기 모드네."

"때는 바야흐로 1984년, 당시는 전두환이라는 군인 출신 대통령이 통치를 하던 때였어. 일명 '땡전뉴스'라고 해서 뉴스가 시작할 때 9시를 알리는 종이 '땡' 하고 울리자마자 앵커들의 모든 멘트가 '전두환 대통령은 오늘~'이던 때였어. 전두환 정부는 쿠데타로 집권한 뒤⑬ 1980년 12월에 〈언론기본법〉을 제정해서 무엇을 어떤 식으로 보도하라는 '보도지침'을 배포했어. 한마디로 언론이 언론으로 기능하지 않고 정권의 대변인 역할을 하던 때였지.

그러다 1984년 4월 28일 전라북도 완주군에서 가톨릭농민

회와 천주교 전주교구가 공동으로 '암담한 농촌 현실의 귀와 눈이 되어야 할 방송이 일천만 농민의 삶을 부정한 채 소수 몇 사람의 방송으로 전락한 데 분노를' 느끼며 'KBS 시청료는 여당인 민정당과 정부만 내라!'며 시청료 납부거부 운동을 선언했어.

지금은 전기요금 고지서에 TV시청료(수신료)가 함께 부과되어 나오지만 당시에는 TV시청료 고지서가 따로 나왔어. 시민들이 이제 TV를 보지 않으니 시청료를 내지 않겠다고 선언하니, 시청료 징수원들이 실제로 TV가 있는지 없는지 확인하기도 했지. 당시에는 TV시청료를 내지 않으면 세무서가 강제로 징수할 수도 있고, 그래도 시청료를 내지 않을 경우 재산까지 압류할 수 있었어."

"아, TV에 시청료가 있었어?"

"모를 줄 알았어. 역시 실생활에는 약해."

"딴 데로 새지 말고 하던 이야기나 계속하시지."

⑪ 1979년 10월 26일 박정희가 암살되자 전두환은 보안사령부를 동원해 12.12 쿠데타를 일으켰다. 그리고 계엄령을 선포하고 다른 정치인들을 체포한 뒤 1980년 5.18 광주 민주화운동을 무력으로 진압했다. 그는 1980년 8월 스스로 대장으로 진급했고, 1981년 3월 대통령에 취임했다. 1997년 내란죄와 뇌물죄 등으로 1심에서 사형을, 2심에서 무기징역을 선고받았으나 그해 12월에 특별사면되었다.

"그렇게 완주군에서 시작된 흐름이 이어지다 1986년 1월 20일에 'KBS-TV시청료거부 기독교범국민운동본부'가 만들어져. 한마디로 전국적인 운동이 된 거지. 운동본부는 'KBS-TV를 보지 않습니다.'라는 스티커를 5만 장 만들어 전국에 뿌렸어. 그러면서 김영삼, 김대중 같은 정치인들도 이 운동에 동참하기 시작하지."

"법으로 시청료를 내도록 하는데 내지 않겠다고 선언했으니 시민불복종 운동이 된 거네."

"그렇지. 그러자 전두환 정부는 시청료를 내지 않는 게 국가안보를 해치는 반체제 활동이라는 말도 안 되는 이야기를 하며 운동을 탄압하기 시작했어. 그래도 운동본부는 길거리 서명을 받으며 계속 활동을 했고, 언론의 자유가 점점 더 주요한 이슈가 되기 시작했어. 시청료 납부거부는 불매운동에 가깝지만 운동의 진짜 목적은 언론의 자유였거든. 그렇게 힘이 붙으면서 9월 29일에는 '시청료 거부 및 자유언론 공동대책위원회'가 결성돼."

"그래서 어떻게 됐어?"

"시청료 납부율은 계속 떨어지고, 언론의 자유에 대한 시민의 관심은 계속 높아지고. 그러니 어쩌겠어. 당장 무언가가 바뀌지는 않았지만 언론사에 있던 기자나 노동자들도 똑바로 취재해야겠다는 생각이 들었지. 1987년 6월의 민주화운동이 갑자기 시작된 게 아니라 이런 흐름을 타고 있었던 거야."

"그렇구나. 역시 갑자기 생기는 일은 없구나."

"이 시청료 납부거부 운동은 방송 민주화와 공정보도라는 사회정의와 공공성을 목적으로 내세웠고 1987년에 〈언론기본법〉의 폐지, 새로운 〈방송법〉 제정, 〈한국방송공사법〉 개정이라는 성과를 거뒀다는 점에서 한국 최초의 성공적인 시민불복종으로 평가돼."

"성공을 거뒀으면 다른 분야로도 시민불복종 운동이 확산된 건가?"

"이런 운동 외에도 2001년에 결성된 한국납세자연맹의 '자동차세 불복종 운동'이 시민불복종 운동으로 해석되기도 하고, 2009년 교육부의 학력진단평가를 거부하는 교사들의 운동을 시민불복종 운동으로 해석하기도 해."

"불(不) 계열의 운동이 계속되고 있구나."

지금처럼 하다가
죽을 것인가

"지금도 시민불복종은 전 세계 시민들의 주요한 저항 방식이야. 너 혹시 '멸종저항(Extinction Rebellion)'이라는 단체 들어봤어?"

"알아. 영국의 시위. 그거 때문에 영국 정부가 기후비상사태 선언했다던데."

"오, 맞아. 2019년 4월 15일부터 수만 명의 영국 시민이 의회광장과 워털루다리, 마블 아치, 자연사박물관 등을 점거하고 '다이인(die in)', 즉 바닥에 드러눕는 시위, 우리 식으로는 점거농성을 하며 정부의 신속한 대응을 촉구했어. 이 과정에서 1000명이 넘는 시민이 경찰에 체포됐어. 최근 들어 영국에서 벌어진 최대 규모의 시민불복종 운동이라고 불려."

"야, 최근에도 그렇다니 엄청나네."

"'멸종저항'은 2018년 10월에 만들어진 단체인데, 지금도 계속 기후 변화에 대응하는 활동을 펼치고 있어. 이 단체의 지도자 중 한 명이 로저 할람(Roger Hallam)인데 스스로 이 활

동을 시민불복종 활동이라 밝히고 있어.⑭ 로저 할람은 정부
가 기후 변화에 대응하도록 사회에 계속 혼란을 일으키겠다

고 선언했어. '지금처럼 하다가 죽을 것인가, 자세히 말하자
면, 우리 아이들에게 지옥과 다름없는 세상을 물려줄 것인
가?'라는 질문을 던지면서 말이야."

"안 그래도 기후 변화에 나도 관심이 많아. 한국은 정말 기
후 변화에 아무런 관심이 없지만 전 세계의 청소년들이 동맹
휴교를 결의하며 기후 위기에 대응할 것을 촉구하고 있잖아.
나보다 한 살 많은 스웨덴의 그레타 툰베리(Greta Thunberg)는
2018년 9월부터 금요일마다 학교에 가지 않고 시위를 하고
있다고."

"오, 너도 툰베리를 아는구나. 아마 로자 파크스가 20세기
를 대표하는 시민불복종 활동가라면 툰베리는 21세기를 대표
하는 활동가가 될 거야. 꼭 기후 변화만이 아니라 여러 면에
서 청년들의 움직임이 활발해지고 있어.

2014년에 9월부터 12월까지 이어진 홍콩 시민들의 시민불
복종 운동도 중요한 사례야. 1997년에 홍콩이 중국에 반환되
고 난 뒤 행정장관은 선거인단을 통한 간선제로 선출되었어.

⑭ 임마누엘 페스트라이쉬(Emanuel Pastreich), "멸종저항(Extinction Rebellion)
이 체제에 맞서다", 〈다른백년〉 홈페이지(http://thetomorrow.kr/archives/9746)

홍콩 야당과 시민들은 직선제를 계속 요구했는데, 중국 정부가 자기들과 친한 사람 2~3인을 추천할 테니 그중에서 한 명을 뽑으라고 하자 시민들이 열 받은 거지. 그래서 대학생들이 동맹 휴학을 선언하고 도심에서 시위를 벌이고 정부청사 진입을 시도했어. 그러곤 도심 곳곳을 점거하고 바리케이드를 쳤지. 경찰이 뿌리는 최루탄과 고추스프레이를 막기 위해 우산을 들고 다닌 게 계기가 되어 '우산혁명'이라고도 불려. 이 사건에서도 청년들이 활약했지."

"우울하다, 21세기가 되어도 시위는 계속 필요하구나."

"홍콩에서 시위대가 했던 말 중 하나가 뭔 줄 아니? 시위대를 이끈 리더 중 한 명인 조슈아 웡이 한 말이야. '10년 뒤 초등학생들이 홍콩의 민주화를 위해 시위하는 것을 보고 싶

지 않다.' 결국 지금 싸우지 않으면 나중에 또 싸워야 하는 거
야."

"기후 위기를 보고 있으면 나중에는 싸울 기회조차 없을 것
같아."

"그러니 지금이 중요한 거지. 특히 기후 변화와 관련해서는
정부만이 아니라 기업의 변화도 중요해. 그런 점에서 시민불

복종 운동과 불매운동이 가장 잘 결합되어야 하는 게 기후 변화에 대한 대응이라고 생각해. 에너지 절감부터 플라스틱 생산량 감소와 생산자의 책임 요구, 이산화탄소 배출량 감축에 정부와 기업이 동참하도록 만들어야 하거든. 우리 미래니까 같이 힘을 내자."

지금이야말로 불매운동과 불복종 운동이 적극적으로 만나야 할 시기라고 생각한다. 기후 위기에 대응하려면 정부만이 아니라 기업의 변화가 절실하게 필요하기 때문이다. 특히 한국에서는 더더욱 그렇다. 한국 정부가 기후 위기에 제대로 대응하지 않는 '기후악당'이라 불리지만 대기업 중심의 산업구조도 에너지를 많이 쓰고 이산화탄소를 많이 배출하는 데 한몫하고 있다.

그리고 기후 위기 시대의 시민불복종은 한 국가 차원을 넘어 전 지구적인 차원에서 함께 이루어져야 한다. 한국의 변화가 동북아시아, 아시아, 전 지구에 영향을 미치고 그 반대도 가능하기 때문이다. 그리고 초국적 기업을 상대하기 위해서도 시민불복종의 전략이 국가 차원을 넘어설 수밖에 없다.

7

아무리 노력해도
사회가
변하지 않는다면

"자발적 결사를 시민적 불복종으로, 반대를 저항으로 변하게 한 것은 오늘날 미국의 위기이다."

– 한나 아렌트

"아오, 열 받아."

"또, 왜."

"결국은 머리를 자르래."

"머리를 자르면 살인이지."

"지금 농담할 기분 아니거든."

"그래서 어떻게 할 건데?"

"어떻게 하다니. 자르라는데 어떡해. 학생회 임원들이 학생들 서명을 받아 교장샘 찾아가서 건의했는데도 안 들어주는데."

"이 동네 다른 학교 학생들도 두발에 간섭을 받을 텐데, 괜찮대?"

"싫겠지."

"그럼 그 친구들은 만나 봤어?"

"왠지 삼촌은 일을 크게 키우려는 경향이 있는 것 같아. 그러다 뒷감당은 누가 하라고? 학생들이 공동으로 대응했는데 안 되면?"

"그럼 희망의 나라로 엑소더스 해야지."

"헐, 그게 무슨 소리래."

"너 무라카미 류(村上 龍)라는 일본 작가의 《희망의 나라로 엑소더스》(양억관 옮김, 이상북스, 2011)라는 책 못 읽어 봤지?"

"처음 듣는데."

"한번 찾아서 읽어 봐. 기성세대에게 희망을 걸거나 미래를 맡기길 거부하는 일본의 중학생들이 자신들에게 익숙한 인터넷과 미디어를 기반으로 기업을 만들고 호텔을 인수해 자신들의 직업훈련소를 만들고 어른들을 고용해. 청소년들이 스스로 세계를 만들어 가는 이야기야."

"대박, 좋은데. 그러니까 기성 사회가 시민불복종을 안 받아들이면 남은 선택지는 새로운 나라를 만드는 건가."

양심을 허락하는 곳이 어디인가

"양심적 병역거부라고 들어 봤어?"

"군대에 가지 못하는 사람들, 종교적인 이유나 양심 때문에 총을 들지 못하는 사람들."

"맞았어. 시사상식이 갈수록 늘어나는데. 역시 훌륭한 삼촌과 함께 사니."

"됐고. 그건 왜?"

"아무것도 바뀌지 않는 사회에서 계속해서 처벌을 받는 사람들이 바로 이 사람들이잖아. 총을 잡지 않겠다는 시민불복종을 하고 그것 때문에 감옥에 가야 했던 사람들. 감옥에서 나오고 난 뒤에는 전과자라는 이유로 계속 차별을 받는 사람들.

2018년에 헌법재판소는 양심적 병역거부자들을 처벌하는 〈병역법〉이 헌법에 어긋나지 않는다고 판단했지만 병역의 종류를 현역·예비역·보충역·병역준비역·전시근로역 등으로만 규정한 〈병역법〉 제5조를 2019년 12월 31일까지 개정하라고 주문했어. 이게 무슨 말인지 알아? '대체복무제도'를 도입하라는 거야. 즉, 대체복무제 없이 양심적 병역거부자를 처벌하는 건 과잉 금지의 원칙을 위반한다는 거야."

"그래서 12월 27일 병역법이 개정되었잖아. 원치 않는 사람은 군대를 가지 않아도 된다고."

"그걸로 문제가 해결된 건 아냐. 국방부의 〈병역법〉 개정은 대체복무제를 포함시켰지만 합숙해서 군복무를 대체하도록 하고, 형평성을 이유로 교도소나 구치소, 대통령령이 정하는 공공 및 공익관련 시설에서만 대체복무가 가능하도록 하

고, 복무기간을 36개월로 잡았어. 그러다 보니 대체복무제도
가 여전히 처벌의 성격을 많이 가진다는 비판을 받고 있지."

"36개월 길다. 2020년부터 현역의 복무기간이 18개월이니
딱 두 배네. 그런데 다들 군대를 가고 싶어 하지는 않으니 일
정한 제한은 필요한 것 아닌가. 한국처럼 남북한이 서로 대치
하고 있는 곳에서는 말이야."

"형평성에 대한 조율은 필요한데, 아까 얘기했던 것처럼 과

잉 금지의 원칙이 지켜져야 하는 거지. '대체'복무제인데 처벌의 성격이 강하면 대체가 아니란 말이지.

그리고 또 다른 문제도 있어. 지금은 현역 입대만 얘기되고 있는데 예비군 훈련을 거부하는 사람들도 있단 말이야. 2019년 2월에 예비군 훈련에 대한 거부도 무죄를 선고받은 사례가 있긴 하지만 아직 보편적이진 않아."

"대체복무제도가 인정되지 않으면 감옥으로 가는 수밖에

없는 건가."

"뭐, 한국을 떠나면 군대에도, 감옥에도 가지 않겠지. 실제로 2006년에 한국인이 병역거부를 이유로 캐나다에 망명을 신청했고 2009년에 망명 허가를 받았어. 2012년에도 한국인이 병역거부를 이유로 프랑스에 망명을 신청했고 2013년에 난민 인정을 받았어."

"와, 실제로 그런 일이 있구나. 망명하지 않으면 다른 길이 없구나."

"다른 길이 전혀 없지는 않지. 병역이 의무인 나라가 있고 직업군인처럼 선택인 나라도 있듯이 정치가 바뀌면 다른 길도 생기겠지. 길 얘기가 나와서 그런데 불법경작이란 것도 있어."

"응? 그건 또 뭐야?"

"이명박 대통령이 했던 4대강 사업 알지? 그거 하느라고 전국 여러 곳이 공사판으로 변했는데, 경기도에도 그 사업의 영향을 받은 곳이 있어. 두물머리라고, 경기도의 대표적인 유기농 단지였어. 유기농 단지에 자전거도로를 만들 거니 나가라고 하면 순순히 말을 들을 농부들이 있겠어? 자기 땅을 일궈온 사람들인데."

"순순히 받아들이기 어렵겠지."

"그래서 농부들은 그냥 계속 농사를 짓겠다고 한 거야. 정부는 땅에서 나가라고 했지만 우리는 할 줄 아는 게 농사밖에 없다. '공사 말고 농사'를 요구하며 계속 경작을 한 거지."

"농사를 짓는 게 불법이 된 거네."

"그렇게 싸우다 결국엔 두물머리에 생태학습장을 조성하고 농민들이 다른 곳의 토지구입자금을 융자받는 조건으로 떠나게 됐어."

"시민불복종이 항상 승리하는 것도 아니구나."

"항상 승리했다면 우리 역사가 좀 달라졌겠지."

"그럼 어디서 희망을 찾아야 해? 아까 얘기했던 그 소설?"

"소설이지만 작가가 굉장히 꼼꼼하게 취재해서 쓴 소설이야. 잘 생각해 봐. 청소년들이 보호의 대상, 미래시민이 아니라 연대의 대상, 동료시민이 되려면 어떻게 해야 할까?

반복해서 말하지만 시민불복종은 처벌을 받기 위한 행동, 처벌을 감수하는 행동이 아니라 불의를 드러내려는 행동이야. 불의를 드러내는 행동이 계속 처벌을 받아야 한다면 그것은 불의를 강화시키게 되지. 내게 필요한 권리를 요구할 수 있는 권리, 나와 타자를, 나와 국가를 동등하게 대해 달라고 요구할 수 있는 권리가 있어야 하는데 말이야. 그런 권리를 보장해 줄 희망의 나라를 만들어야겠지."

"희망의 나라와 헬조선, 간극이 너무 큰데."

"그래도 꾸준히 가 봐야지, 뭐 다른 방법이 있겠어. 다른 나라로 망명하는 것도 끝이 아니고, 거기서 또 새로운 차별을 경험할 수 있으니.

한국처럼 정부나 기업이 모든 권력을 독점한 사회에서 시민불복종이 소극적인 저항만을 고집한다면 사회가 근본적으로 변하기 어려워. 그래서 시민불복종이 개별 정책이나 법률의 부당함을 드러내는 것으로 그치지 않고 평등하고 정의로우며 지속가능한 사회에 관한 토의를 시민사회로 확산시켜야 해. 이런 점에서 보면 시민불복종은 정치 과정에 대한 압력보다는 시민사회의 정치적인 흐름을 활성화하려는 투쟁이지."

"우리 삼촌 이야기는 기승전, 운동."

"한나 아렌트(Hannah Arendt)라는 학자를 들어 봤나?"

"음, 들어 본 듯, 아닌 듯."

"1960년대 말에 미국 정부는 미군함이 북베트남의 어뢰정 공격을 받았다는 통킹만 사건을 조작해서 이를 빌미로 베트남전쟁을 일으키거든. 그 외에도 미국 정부가 의회와 국민을 속이거나 기밀이라는 이유로 정보를 감추는 현실을 목격하면서 아렌트는 그런 정치의 의미를 파헤치려 노력했어. 그러면서 아렌트는 거짓된 정부 정책에 복종하기를 거부하는 시민 불복종 운동이 매우 중요하다고 봤어. 만일 정부가 시민을 속이고 부패하는 등 헌법을 파괴한다면, 그것은 현 지배질서의 정당성에 대한 암묵적 합의가 깨지기에, 즉 사회계약⑮이 새로 쓰여야 하기에 시민의 불복종은 헌법정신을 실현하려는 시민의 권리로 인정되어야만 한다는 거지.

특히 아렌트는 시민불복종 운동이 법에 도전하는 것이기에 법원이 이 운동을 재판해서는 안 된다고 봤어. 시민불복종은 시민들이 공론장을 형성해서 정치적으로 따져 봐야 할 사안이라는 거지. 이런 아렌트의 주장을 받아들인다면, 시민불복종은 법을 거부하는 정치일 뿐 아니라 새로운 법을 정립하

는 정치, 공동체의 기반을 세우는 정치 행위야. 정치는 시민이 자신의 독특성을 드러내는 공적인 과정이기 때문에 권력은 그 정치를 보장해야 할 의무를 가질 뿐 시민의 말과 행위를 가로막아서는 안 된다는 거지."

"그래도 정부가 막으면?"

"그건 권력이 아니라 폭력이기 때문에 이미 정당성을 상실했다고 봐. 진정한 법치는 시민들이 공정하고 자유로운 법질서 확립을 위해 끊임없이 노력할 때에만 확립될 수 있고, 그속에서 시민의 권리와 법치는 서로 충돌하지 않아."

"희망의 나라로 엑소더스라고 하지만 그건 엑소더스가 아니라 엑시트(exit), 즉 탈출구로군. 탈출구로 나가 새로운 현실을 만나자."

"대박, 완전 똑똑해진 듯."

"내가 원래 좀."

⑮ 사회계약설은 홉스, 로크 등의 서양 사상가들이 주장한 이론으로 자연상태의 공포나 불편함을 이기기 위한 방법으로 시민이 국가를 만드는 데 합의했다고 본다. 계약의 조건은 정부가 시민의 자유와 생명, 재산을 보호하고 보장하는 것이고, 권력과 권위의 정당성도 이런 계약에서 생긴다.

아니 불(不) 자는 시민불복종을 수동적인 것, 즉 잘못된 법이나 정책이 수립되고서야 이를 거부할 수 있는 것처럼 느끼게 한다. 마치 작용에 대한 반작용처럼. 그렇게 반대만 하다 아무것도 변하지 않으면 나만 손해를 보는 게 아닌가, 그런 생각이 들도록. 하지만 시민불복종은 출구를 만드는 운동이자 새로운 현실을 만드는 운동이기도 하다.

사회가 변하는 속도는 아주 느리기도 하고 갑자기 빨라지기도 한다. 신이 아닌 이상 인간이 그 속도를 조절하기는 어렵고, 이미 기득권을 가진 사람이 아니라면 소수가 그렇게 하기는 더 어렵다. 그래서 숙성의 시간이 필요하다. 1987년 6월의 민주화운동을 다룬 최규석의 만화 《100℃》(창비, 2017)처럼 서서히 열기가 오르다 100℃가 넘으면 물이 끓기 시작한다.

세상의 모든 사람이 동참하는 운동은 실은 존재하지

않는다. 소수의 사람들이 먼저 시작하고 소극적이지만 동참하는 시민들이 그 주위에 모여 작은 지류를 만들고, 시간이 흘러 그 지류가 모여 강이 되면 사회 전체가 움직이기 시작한다. 누군가는 먼저 물줄기를 만들어야 변화가 시작된다.

8

시민불복종, 나부터 시작한다

"시민불복종은 우리를 자극하고 생각하도록 만든다."

– 하워드 진

"아, 나도 학교에서 할 수 있는 것 하나 찾았어."

"오, 뭔가?"

"교칙도 학교의 법이라면 부당한 교칙에 대해 저항하는 것도 불복종이겠지."

"그렇지. 그런데 무슨 교칙?"

"뭐겠어. 오두가단 차발불가단, 두발이지. 서울에서는 자율화 한다니까 우리 동네에서도 그렇게 하도록 해 봐야지."

"좋은데, 삼촌한테도 필요한 거 있음 말해."

"그래서 말인데, 어떻게 시작하면 좋을까. 나 혼자 교문 앞에서 피켓을 들 수도 없고 말이야."

"그렇지. 너 혼자 교문 앞에서 피켓을 들었다간 바로 학교 안으로 끌려 들어가겠지. 함께할 동지들은 좀 있나?"

"동지? 누구, 나처럼 머리 길다고 잡힌 애들?"

"머리 길이만 문제인가, 염색도 있고, 파마도 있고, 불만은 다양하겠지. 꼭 머리만이 아니라 복장이나 언어폭력도 있고. 일단은 그런 친구들을 모아 봐야지. 그리고 이야기를 만들어야겠지. 시민불복종은 왜 필요한지, 우리가 무엇을 지향하는지 이런 것을 알려야 하니까."

"사람도 모으고 논리도 짜고, 할 일이 많네."

"그럼. 세상을 바꾸려면 계속 생각을 해야지. 그리고 그 생각을 실천하기 위해 움직이고."

폭력 없는 직접행동에 198가지 방법이

"이쪽에도 훌륭한 스승님이 계셔. 진 샤프(Gene Sharp) 선생님이라고."

"그 이름도 처음 들어 보네."

"이른바 '비폭력 직접행동의 198가지 방법'을 정리하신 분이지."

"헐, 198가지? 그렇게 많아. 대체 그게 뭐람?"

"샤프는 비폭력 직접행동의 방법을 크게 세 가지로 구분해. ①비폭력 항의와 설득 ②비협조 ③비폭력 개입. 그리고 비협조는 사회적 비협조와 경제적 비협조(보이콧과 파업), 정치적 비협조로 구분되고."

"비폭력 항의와 설득은 뭐야? 이거 어떻게 하지. 198가지를 다 물어볼 수도 없고."

"샤프가 말하는 비폭력 항의와 설득은 한국의 시민단체들
도 많이 하는 거야. 성명서나 민원, 탄원서를 내고, 대중매체
를 통해 여론을 만들고, 대표단을 보내거나 피케팅(요구사항을
피켓에 적어서 상대방을 따라다니거나 그 앞에 서 있는 행위)을 하고,
기도나 깃발, 여러 상징, 행동으로 항의하고, 특정 정치인이
나 공무원을 찾아가고, 연극을 만들고 행진을 하고 집회를 열
고. 이런 방법이 54가지 정도 돼."

"많네, 많아. 거기서 우리가 할 수 있는 건 성명서나 민원을
내고 구호나 현수막, 유인물을 만들어 학교나 동네에 뿌리고,
교육청을 방문하거나 그 앞에서 피케팅을 하고, 두발 자유를
상징하는 배지나 깃발을 만들고, 교육감이나 교장샘을 찾아
가고, 집회를 열고, 뭐 이런 거네."

"오, 찰떡같이 알아듣네."

"그런데 비협조는 뭐야?"

"비협조는 말 그대로 협조하지 않는 거지. 반대하는 사람과
관련된 개인이나 집단과 협력하지 않거나 악수도 하지 않는
것, 종교활동이나 스포츠, 행사에 불참하는 것, 사회제도를
버리고 은둔하거나 안식처에 숨는 것 등이 사회적 비협조야.

경제적 비협조는 불매운동, 절약, 월세를 내지 않는 것, 작업
거부, 직장 폐쇄, 총파업, 공과금 지불 거부, 예금 인출, 납세
거부, 블랙기업 리스트 만들기, 파업, 태업, 준법투쟁, 병가
내기, 총파업 등이고, 정치적 비협조는 지지 거부, 선거 보이

콧, 공직 임명 거부, 대중적 불복종, 연좌 농성, 숨기, 지연과 방해, 하극상 등 다양해."

"재미있네. 악수 안 하기, 절약, 병가 내기, 숨기, 하극상, 이런 것도 비폭력 직접행동이라는 거네."

"그렇지. 우리는 너무 크고 강력한 것만 생각해서 실제로 행동을 못 하는 건지 몰라. 소소하고 작은 걸 통해서 틈틈이 저항을 할 수 있는데 말이야."

"그러게. 그렇게 말하니까 좀 맘이 편해진다. 뭔가 어마어마한 계획을 구상해야 하는 건 아니라서."

"맞아. 역사는 소소한 것들이 누적되어 상대방이 더 이상 우리를 쉽게 위협하지 못할 것처럼 느껴질 때 바뀌는 거야. 엄청나게 불안하고 위험한 상태에서는 시민들이 쉽게 움직이지 못하잖아."

"비폭력 개입은 뭐야?"

"사람들의 감정을 자극하도록 자기희생을 하거나 단식, 끊임없는 문제제기, 연좌시위나 차량시위, 비폭력적인 습격이나 침범, 방해, 점거, 새로운 기관이나 대안라디오 방송국 등을 만들기, 비폭력적인 토지 점거, 봉쇄, 매점매석, 대안 시장 만들기, 대안적인 교통 시스템 만들기, 비밀요원의 정체 밝히

기, 스스로 감옥에 들어가기, 협력하지 않고 일하기, 망명정
부 만들기 등 다양해."

"비폭력적인 습격이나 침범은 뭐야?"

"말 그대로 폭력은 사용하지 않으면서 시청이나 공공장소
에 들어가는 것, 출입이 금지된 장소에 일부러 공개적으로 들
어가는 것, 이런 거."

"음, 그럼 학생은 출입하지 말라는 곳에 슬쩍슬쩍 들어가고
뭐 그런 거네."

"그렇지, 잘 아네."

"청소년 차원에서 비폭력 개입은 쉽지 않겠구나. 우리는 비
폭력 항의와 설득, 비협조, 이런 게 가능하겠어."

"꼭 그렇지는 않을걸. 실제로 뭔가를 하다 보면 갑자기 훅
치밀어 오르거나 뛰어오르게 될 때가 있어. 그럴 때는 그냥
그 흐름에 몸을 맡겨도 돼. 우리 샤프 선생님 이야기는 《독재
에서 민주주의로》(백지은 옮김, 현실문화연구, 2015)라는 책에 있
으니 참고하면 좋아."

"그렇구나. 고마워."

지구 평화의 마지노선
1.5℃

"2018년 10월 3일, '기후 변화에 관한 정부간 협의체(IPCC)' 총회가 인천광역시 송도에서 열릴 때 한국의 청소년기후소송단이 지구를 지키기 위한 1.5도 보고서를 채택하라고 요구하는 퍼포먼스를 했어."

"나도 사진을 봤어. 노란색 우산으로 1.5℃를 만든 사진. 손 피켓을 들기도 하고 플래시 몹[16]도 하고."

"손 피켓 구호 봤어? '재난 걱정 없는 세상을 원합니다', '봄과 가을 돌려줘요', '우리는 제대로 된 기후정책을 원한다', '지구를 지키는 온도 1.5℃', '지구온난화 막아라'. 참 소박한 구호들이야. 이런 것조차 제대로 받아들여지지 않는다니."

"소박하다니, 그게 얼마나 본질적인 구호야. 그날 집회 발언은 못 들었어? 오연재라는 소송단 일원이 기자회견에서 한

[16] 서로 잘 모르는 사람들이 인터넷이나 휴대폰을 통해 연락을 나누고 정해진 시간, 장소에 모여서 미리 정해진 방침에 따라 행동을 하고 곧바로 흩어지는 활동.

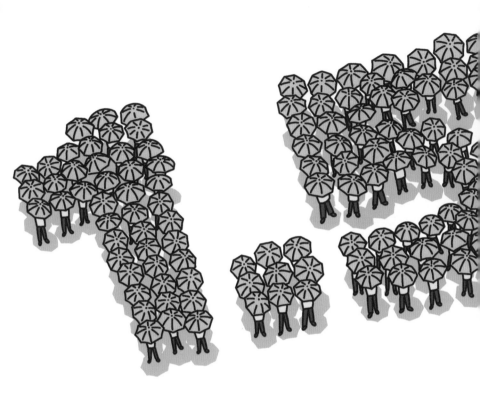

이야기야.

'지금까지 저희는 종종 미래세대로 불려 왔습니다. 그런데 문득, 한 가지 의문이 들었습니다. 과연 저희는 미래세대인 걸까요? 저는 청소년은 미래세대가 아니라고 생각합니다. 이곳에 모인 모두가, 지구에서 21세기를 살아가고 있는 사람들입니다. 청소년이라고 해서 책상에 앉아 공부만 해야 하는 학

생이 아닙니다. 문제를 인지하고 당당히 목소리를 낼 수 있다고 생각합니다. … 청소년기후소송단에서는 세 가지의 약속을 했습니다. 정부가 제대로 된 기후체제를 마련하도록 하자는 것, 청소년기후소송단에서는 청소년시민이 주체가 될 것, 그리고 이 소송단 활동으로 더 많은 시민이 기후 변화에 대해 관심을 가지고 함께 행동할 수 있도록 하자는 것입니다. 우리는 이 세 개의 목표를 중심에 두고 행동할 것입니다.'

뭐 느끼는 것 없어?"

"그게 딱 시민불복종이네. 그런데 무엇에 대해 저항한다는 의미가 분명하진 않네. 기후악당인 한국 정부에 맞선다, 아니면 기후 변화에 제대로 대응하지 못하고 있는 〈저탄소 녹색성

장 기본법〉, 〈온실가스 배출권의 할당 및 거래에 관한 법률〉
이 제대로 실행되도록 만든다?[17]"

"그러게, 아직 목표가 분명하진 않아. 그렇지만 이미 행동
을 시작했어. 2019년 3월 15일에 전 세계 100여 개국의 청소
년들이 학교를 가지 않고 기후 변화 대책을 마련하라고 요구
하는 시위를 벌였잖아. 한국에서도 광화문에서 시위가 벌어
졌고. 9월 21일과 27일에는 전 세계에서 기후파업이 일어났
어. 정부에 뭘 하라는 요구안이 분명해지진 않았지만 이미 청
소년들이 움직이고 있다고. 기후 변화에 무관심한 기성세대
가 문제이지."

"그래, 다른 나라 상황을 보니 좀 안심은 되더라. 호주의 교
육부장관이 그랬다며. '학생들은 그들이 중요하다고 생각하는
행동을 방과 후나 주말에 해야 한다'고. 아, 여기나 저기나 교
육부는 비슷하구나."

"그게 농담이라고 하는 거요. 지금 농담할 상황은 아니라

---

[17] 〈저탄소 녹색성장 기본법〉은 2009년 제정되었다. 경제와 환경의 발전을 조
화시켜 저탄소 사회를 구현하겠다는 목표를 세웠지만 녹색기술이나 녹색생활
은 수식어에 그쳤다. 2012년에 제정된 〈온실가스 배출권의 할당 및 거래에 관한
법률〉은 온실가스 감축을 위한 배출권에 관한 법률인데 실제 감축은 거의 이루
어지지 않았다.

고."

"알아, 알아. 이제 정말 우리가 손을 잡고 세상을 바꾸지 않으면 미래가 없을지도 모르겠네. 그러니 동지, 같이 갑시다."

"뭐, 미덥진 않지만 열심히 하신다면 같이 가 보겠소."

어떤 세상이 우리를 기다리고 있을까? 정부와 기업이 알아서 안전하고 행복한 미래를 보장해 주면 좋겠지만 한국의 상황은 그렇지 않다. 세월호 참사나 줄어들지 않는 산업재해에서 알 수 있듯이 정부와 기업이 만든 안전망은 매우 허술하다. 그리고 뜨거운 여름과 추운 겨울, 잦아진 태풍 등으로 피해를 입는 사람들은 대부분 사회의 약자들이다. 이 약자들이 겪어야 할 현실에 대한 정보는 부족하고, 마치 대학 들어갈 때까지만 참으라는 말처럼 경제가 조금 나아지면, 정치가 조금 발전하면, 그때까지 계속 미래를 저당잡히라 한다.

미래를 살아갈 세대에게 시민불복종은 지금 당장 내 말을 들으라는 요구이기도 하다. 헛된 약속과 거짓된 희망에 흔들리지 않고 나와 우리의 양심과 정직한 판단, 합리적인 전망에 따라 지금 세계를 바꾸어 가겠다는 용기와 각오, 그것이 드러나는 틀이 시민불복종이라고 생각한다. 더 많은 목소리들이 터져 나와 다양한 요구들을 해야 조금 더 지속될 수 있는 세상이 만들어 질 수 있다.

　많은 지구과학자들이 2030년을 지구온난화의 분기 점으로 보고 있다. 산업화 이전보다 지구의 평균 온도 가 1.5℃ 높아지는 시기, 그래서 지구 생태계가 돌이 킬 수 있는 변화의 선을 넘어 버릴 수 있는 시기, 어떻 게든 그 선을 넘지 않도록 온실가스를 줄이고 우리 삶 을 바꿔야 지금의 지구환경이 보존될 수 있는 시기가 바로 2030년이다. 정부와 기업이 그 몫을 맡지 않는다 면 우리가 우리의 삶과 미래를 위해 이제 나서야 한다.

내가 사는 공동체의 운명과 함께하기

시민불복종은 위기를 알리는 북소리이다. 많은 사람이 이미 관심을 가지고 있는 일이라면, 시민불복종은 호응을 얻기 어렵다. 굳이 불복종이라는 방식을 통하지 않아도 시민들의 관심을 유도할 수 있기 때문이다. 그런 점에서 시민불복종은 신문고와 비슷하다. 나와 우리가 처한 공동의 상황에 시민들의 주의를 모으기 위한 북소리이다.

평온한 시대에도 시민불복종이 나타날 수 있는데, 지금 우리가 사는 시대는 이미 위기이다. 미세먼지가 지금보다 더 심해지면 우리의 일상은 어떻게 바뀔까? 미세먼지가 심한 날엔 마스크를 쓰고 공기청정기를 틀면 미세먼지를 완전히 피할 수 있을까? 시간이 흐를수록 미세먼지는 심해지는데, 마스크와 공기청정기는 무한히 쓸 수 있을까? 미세먼지가 문제이면 미세먼지를 줄여야 하는데, 지금은 원인에 대한 대책 없이 결과에 대한 대책만 있다.

옛날에는 먼지가 더 심했다고 하지만 더 심하지 않다고 해서 시민이 건강한 걸까? 초미세먼지(PM2.5)를 측정하기 시작한 2002년보다 지금의 연평균 초미세먼지 농도는 더 낮아졌다. 문제는 연평균이 아니라 초미세먼지가 심한 날의 지속일 수이다. 연평균 농도는 줄거나 평균치가 유지되어도 '나쁨' 일수는 늘어나고 있다. 그리고 미세먼지라고 말하지만 공기 중의 이 물질들은 단순한 '먼지'가 아니라 여러 가지 오염물질이다. 초미세먼지 마스크로도 걸러지지 않는 오존과 같은 물질은 점점 더 늘어나고 있다. 따라서 미세먼지 배출 자체를 줄이려는 노력이 마스크와 공기청정기와 같은 대응책보다 더 절실히 필요하다. 이런 일엔 기업이 나서서 공장의 배출량을 줄이려고 노력하고 자동차를 많이 이용하는 우리의 문화도 바뀌어야 한다. 이대로는 위험하다고 누군가가 소리쳐야 한다.

그런데 미세먼지보다 더 심각한 것이 기후 위기이다. 지구가 온실가스의 영향을 받아 점점 더 뜨거워지면서 생태계가 바뀌고 있다. 불볕더위와 같은 폭염부터 때 이른 추위, 갈수록 늘어나고 강해지는 태풍, 갑작스러운 폭우와 장기간의 가뭄처럼 예전과 다른 기상이변들이 전 세계 곳곳에서 나타나고 있다. 지금 이대로라면 인류의 미래가, 지구의 지속이 불가능하다.

이런 심각한 위기에도 우리의 대응책은 예전과 비슷하다. 폭염이 오면 에어컨을 더 빵빵하게 틀고 추위가 심하면 난방을 더 많이 하고. 태풍이나 가뭄과 같은 큰 재난에는 제대로 대응을 하지 못하고 재해가 난 다음 복구하기에 바쁘다. 그 와중에 개인적인 대응책을 마음껏 쓰지 못하는 사회적 약자들은 고통스러워하고 있다. 뜨거운 여름, 추운 겨울에도 바깥에서 일을 해야 하는 사람들, 에어컨이나 난방을 빵빵하게 틀지 못하는 사람들은 기후 위기 시대를 어떻게 버텨야 할까? 각자 알아서 살아남으라고 요구할 게 아니라면 사회적인 대책이 필요하고 문제를 인식한 사람들이 먼저 나서야 한다.

더 심각한 문제는 이제 그렇게 쓸 자원도 줄어들고 있다는 점이다. 기후 위기는 에너지 위기와 함께 오고 있다. 지금 우리가 쓰는 대부분의 에너지는 석유, 석탄과 같은 화석연료다. 수만 년에 걸쳐 만들어진 이 화석연료를 인류는 불과 몇백 년 만에 다 쓰고 있다. 핵발전소를 대안으로도 거론하지만 그런 대안은 핵폐기물 등 심각한 문제를 새로이 만들고 있다. 태양열이나 풍력 같은 재생에너지가 얘기되고 있지만 한국의 재생에너지 비율은 2퍼센트에도 미치지 못한다. 풍요롭게 에너지를 사용할 수 있던 시대는 지나가고 있다.

이런 문제들은 분리되지 않는다. 미세먼지와 기후 위기, 에너지 위기는 서로 연관된 위기이다. 화석연료를 태우면서 발생하는 배기가스가 미세먼지에 영향을 주고 지구를 더 뜨겁게 만들고, 미세먼지와 기후 위기는 더 많은 에너지를 쓰도록 강요하기 때문이다. 어느 누구도 정답을 가지고 있지 못하기에 다양한 목소리가 드러나야 한다. 시민불복종은 인류가 함께 살아가기 위해 고민해야 할 문제들을 드러내 준다.

그런 점에서 과거의 시민불복종이 한 국가 내에서 발생했다면, 지금의 시민불복종은 국경을 가로질러 발생하기도 한다. 기후 위기처럼 전 지구적으로 영향을 미치는 문제들이 나타나고 인터넷이나 SNS처럼 시민들이 개입할 수 있는 방법들도 다양해지면서 시민불복종의 목적과 방식도 폭넓어지고 있다. 시민불복종이 지금 당장 인류와 지구를 구원할 수는 없겠지만 함께 살아가기 위한 길을 보여 줄 수는 있다.

그러니 지금 우리 곁에서 누가 목소리를 내고 있는지 잘 살피고 그 목소리에 귀를 기울이자. 함께 살아가기 위해.

사회
좀 아는
십 대
07

초판 1쇄 발행 2019년 11월 29일
초판 3쇄 발행 2022년 5월 13일

지은이 하승우
그린이 방상호
펴낸이 홍석
이사 홍성우
인문편집팀장 박월
편집 박주혜
디자인 방상호
마케팅 이송희·한유리·이민재
관리 최우리·김정선·정원경·홍보람·조영행·김지혜

펴낸곳 도서출판 풀빛
등록 1979년 3월 6일 제2021-000055호
주소 07547 서울특별시 강서구 양천로 583 우림블루나인 A동 21층 2110호
전화 02-363-5995(영업), 02-364-0844(편집)
팩스 070-4275-0445
홈페이지 www.pulbit.co.kr
전자우편 inmun@pulbit.co.kr

ISBN 979-11-6172-758-5 44300
ISBN 979-11-6172-731-8 44080 (세트)

이 책의 국립중앙도서관 출판시도서목록(CIP)은 서지정보유통지원시스템
홈페이지(seoji.nl.go.kr)와 국가자료공동목록시스템(www.nl.go.kr/kolisnet)에서
이용하실 수 있습니다.(CIP제어번호 : CIP2019044588)